Christian de MOLINER

Chroniques depuis mon salon

Tome 2

Les éditions du Val

2017

Taxation des signes extérieurs de richesse : le gouvernement patauge : 02.10.2017

M. Macron a perdu la bataille de l'opinion ; il est désormais considéré comme le président des riches. Un exemple parmi d'autres : la moitié des lettres du courrier de « *la voix du Nord* » vilipende le nouveau Président et sa réforme de l'impôt sur la réforme. « *Faites payer les riches* » est un slogan approuvé par 80% des Français. Nos compatriotes ne sont pas convaincus par les explications (pourtant acceptables à mon sens) qui avancent que les hauts revenus vont revenir en France et, pour finir, combler par leurs dépenses de T.V.A et autres impôts le déficit fiscal.

La réélection de M. Macron (qui est selon M. Castaner le but principal de cette législature) est déjà compromise. M. Sarkozy a connu la même mésaventure avec son bouclier fiscal (de bon sens pourtant) et qui ne coûtait que 650 millions d'euros. Il a été battu sans doute à cause de cette mauvaise image qui lui a collé à la peau jusqu'au bout alors qu'il avait suspendu sa mesure. Mais rien n'y avait fait.

Des députés LREM parlent de rajouter dans le champ de l'IFI, le remplaçant de l'impôt sur la fortune tout ce qui ne serait pas productif : grosses cylindrées, écurie de courses, lingots d'or, parts de sociétés de golf. M. Lemaire s'oppose à cette dénaturation de l'IFI, dont la dernière lettre I pour immobilier ne serait plus adaptée. Pour souligner la difficulté d'encadrer ces biens, il se demande comment classer les bouteilles de grands crus. 1982 étant catastrophique pour le vin, faudrait-il exclure de l'IFI toutes les bouteilles de cette année ? M. Lemaire, à mon sens, ergote. Il y a 40 ans, la loi établissait une liste de signes ostentatoires de richesse. Si on en possédait trois, on était bon pour une taxation d'office pour l'impôt sur le revenu. Le pouvoir de l'époque visait les professions libérales qui dans ces années-là parvenaient à dissimuler une grande part de leurs revenus. On peut prendre modèle sur cette période. D'autre part jusqu'en 2017, tous ces biens concernés (y compris les grands crus) étaient déclarés pour l'ISF. Le problème n'est donc pas technique, mais politique. La réforme de l'impôt sur la fortune est un signal donné aux plus aisés. Il signifie « *revenez en France, nous avons changé* ». Si on revient même partiellement sur lui, on brouillera le message. Néanmoins le mal est fait : les « riches » savent désormais que l'opinion leur est toujours hostile et que si leurs prélèvements spécifiques vont diminuer, le prochain pouvoir risque fort de les augmenter à nouveau. Le gouvernement est partagé. M. Lemaire ne veut rien changer. Tout au plus parle-t-il d'introduire quelques taxes supplémentaires sur les yachts et d'alourdir les existantes (comme celles qui frappent les grosses cylindrées) ; le ministre du budget, M. Dammartin est plus ouvert. Le Premier ministre se tait. Tout cela fait désordre et traduit une grande immaturité politique. Le pouvoir patauge. Que décidera pour finir M. Macron lorsqu'il voudra remettre de l'ordre ?

Les Français auraient placé 300 milliards dans des paradis fiscaux : 09.10.2017

Selon une étude à laquelle a participé le Français Gabriel Zuckmann, nos compatriotes détiendraient, à titre individuel, près de 300 milliards d'euros dans les paradis fiscaux, soit 15% du P.I.B de la France. En outre, 0.01% des contribuables les plus riches (soit 3500 ménages) dissimuleraient 150 milliards à eux seuls. De même, pour une autre enquête plus ancienne, le total des placements hexagonaux qui échapperaient à toute taxation avoisinerait 600 milliards dont 250 pour les particuliers et 350 pour nos entreprises.

Néanmoins, ces chiffres sont à prendre avec précaution. Cet argent est, par définition, caché et issu de la fraude. Ceux qui enquêtent sur ces fonds établissent leurs estimations à partir des informations qui filtrent lors des scandales comme les « *Panamas papers* », des bilans des établissements bancaires et des PIB des états concernés, mais le tout reste bien sûr approximatif. Tout au plus, permet-il d'avoir un ordre de grandeur et de faire des comparaisons entre les différentes nations !

Nous sommes nettement au-dessus de la moyenne internationale qui s'établit à 9.8% du PIB. Néanmoins, la Grande Bretagne, l'Allemagne, la Belgique et l'Italie ont des pourcentages similaires aux nôtres, tandis que les Américains « *fraudent* » moins que nous. Les pays Nordiques détiennent la palme du civisme ; curieusement il n'existe aucune corrélation entre les taux d'imposition élevés et l'importance des sommes soustraites au fisc, car des pays par ailleurs champions des prélèvements comme la Finlande comptent parmi les plus vertueux ; à contrario l'Eire à la fiscalité douce, est autour de 10%. L'efficacité des services fiscaux étant la même partout dans l'OCDE, l'explication tiendrait-elle à l'éducation reçue et aux préjugés moraux des contribuables ?

D'autre part, si nous mettions un terme à cette fraude, nous ne terrasserions pas pour autant la dette, contrairement à une opinion répandue surtout à Gauche. D'abord, nous n'arriverons jamais à éliminer les Paradis fiscaux, sauf à basculer dans un gouvernement totalitaire ou à établir des blocus maritimes et aériens pour contraindre les récalcitrants. Ensuite quand le fisc français démasque un fraudeur, il lui confisque au mieux 50% des sommes dissimulées. Sur 25 ans (période nécessaire pour assainir totalement la situation) une chasse efficace (mais utopique) rapporterait au mieux 6 milliards par an (contre 2 milliards actuellement). C'est bien, mais insuffisant. Et si tout cet argent illégal était spontanément rapatrié en 2018, il ne générerait que 7 milliards au mieux de revenus supplémentaires à l'État. Ce n'est pas négligeable, mais le déficit sera de 81 milliards en 2018 ! Bien sûr, contraindre les entreprises à être vertueuses doublerait la mise. Cependant dans leur cas, il s'agit plus « d'optimisation fiscale » (légale) que de fraude. À titre d'exemple, les tribunaux ont donné raison à Google contre Bercy. Lutter contre la fraude est impératif, mais n'en attendons pas de miracles.

Un couac dans la réforme de la CSG les retraités en maison de retraite : 10.10.2017

Pour augmenter les revenus des actifs, M. Macron va voler, par l'intermédiaire de la CSG, 10 millions de retraités. (Ils perdront en moyenne 280 € par an). Pour compenser cette spoliation, le pouvoir veut utiliser « l'exonération » de la taxe d'habitation. Or 15 à 20% des retraités encore à leur domicile n'en bénéficieront pas. Pour ceux qui en profiteront, le gain sera en moyenne de

600 €, donc pour finir avec les 2 réformes, le résultat sera neutre pour un couple, mais positif pour une personne seule. Cependant, la hausse de la CSG est immédiate alors que la taxe d'habitation ne baissera que de 33% en 2018 ; 60% des retraités éprouveront une perte substantielle pendant au moins 2 ans. La baisse continuera-t-elle en 2019 et en 2020 ? Et si le gouvernement était amené par la conjoncture à différer sa promesse ? Notre pays est sur le fil du rasoir ; il n'a aucune marge et s'il était une entreprise, il serait en faillite. Que se passera-t-il en cas de nouvelle crise ? En outre, cette baisse de la taxe d'habitation ne sera-t-elle pas pour finir un marché de dupe ? L'État compensera les 9 milliards de pertes auprès des collectivités locales, mais il leur diminuera en même temps leurs dotations de 13 milliards et il exige qu'elles augmentent leurs dépenses moins que l'inflation, ce qui est absolument impossible. Résultat, la taxe d'habitation pour ceux qui la paieront encore et les impôts fonciers (qui est un impôt sur le capital au même titre que l'IFI) exploseront de 20 à 30%.

Brutalement le pouvoir vient de découvrir une catégorie de retraités à laquelle il n'avait pas pensé (ce qui prouve son amateurisme !) : les 600000 personnes âgées qui vivent dans des maisons de retraite et qui ne payent pas de taxes d'habitation. Elles n'auront donc aucune compensation. Or souvent elles voient leur pension entièrement mangée par leur loyer et elles doivent parfois puiser dans leurs économies (s'ils en ont) ou demander à leurs descendants de les aider. Leur enlever 300 € sera donc dramatique et provoquera l'indignation de l'opinion déjà remontée contre M. Macron. Du coup le pouvoir imagine des solutions acrobatiques. En fait, les établissements payent une taxe d'habitation (comme tous les professionnels) qui est ensuite répercutée dans les tarifs. On supprimerait cette dernière, mais l'opération risque d'être délicate constitutionnellement. Comment n'exempter légalement que certains établissements et pas d'autres ? Comment s'assurer que les usagers profitent bien de cette suppression ? Naturellement les maisons de retraite confisqueront à leur profit la baisse de cette taxe et le gouvernement sera incapable de les empêcher, car les tarifs sont libres. Même si par miracle ces établissements jouaient le jeu, leurs pensionnaires ne récupéreraient que 150 €, bien moins que ce qu'ils vont perdre avec la hausse de la CSG. Non, rien à faire : M. Macron va une nouvelle fois passer pour le Président qui spolie les pauvres.

Après avoir volé les locataires, M. Macron spolie les familles : 10.10.2017

Le pouvoir est passé maître dans l'art de la propagande : il met en avant l'augmentation de l'allocation de garde des enfants de familles monoparentales et des primes à la naissance et à l'adoption (alors que ces dernières étaient bloquées depuis 4 ans). Le tout coûtera 40 millions, mais, bien entendu, le gouvernement ne communique pas sur le hold-up qu'il va commettre à partir d'avril 2018. Il va sans vergogne diminuer de près 10% le remboursement des frais de garde des jeunes enfants (PAJE). Pire ! Il va diminuer les plafonds modulant cette allocation. Jusque-là 20% des ménages en étaient exclus, ils seront maintenant 26% et un couple « richissime » avec deux enfants, gagnant chacun 1650€ verra sa prestation s'effondrer ! Il touchera désormais 84,51€ par mois au lieu de 184,62 €. Il perdra pour finir 3600 € par enfant ! S'ils protestent, le Président de la République va sans doute leur faire la leçon et leur répéter que comme ils sont des privilégiés, ils pourront faire sans problème ce « tout petit » sacrifice. Ce très mauvais coup contre les familles modestes et les membres des classes moyennes rapportera 500 millions aux « racketteurs » (je voulais dire aux « géniaux » ministres qui nous gouvernent !).

Ajoutons que les allocations familiales vont sans doute être supprimées par les familles touchant plus de 6000 € mensuels (Et elles seront bien contentes si on leur demande par de rembourser les 3 dernières années de cet « avantage injustifié ») alors qu'en échange du maintien provisoire des allocations familiales (pour 3 ans !) le pitoyable M. Hollande avait déjà raboté la part fiscale octroyée pour un enfant bien en dessous de ce qu'il coûte réellement. Mais peut-être le pouvoir n'a pas été assez loin que M. Macron nous annoncera en 2021, que souhaitant instaurer une égalité parfaite entre couple avec et sans enfants seuls compteront désormais les parts des adultes ?

Non ! La politique familiale révoltante de M. Macron s'inscrit dans la continuité de celle de son prédécesseur. Elle veut faire payer plus les familles modestes et surtout les classes moyennes, celles dont les enfants ont encore un avenir à l'école. Trouve-t-on en haut lieu qu'il y en a trop ? Que la démographie Française se porte trop bien ? À moins que dans l'optique écologique (et « totalitaire » ?) qui baigne les classes dirigeantes, on estime les Français étant trop consommateur de CO_2, ils doivent disparaître ?

Le prétexte d'économies avancé par M. Macron pour justifier ce massacre est pitoyable. Pourquoi n'a-t-il pas fait comme pour la taxe d'habitation et supprimé l'ISF par étapes en 3 ans ? Le gouvernement aurait récupéré 4,5 milliards en 2 ans, ce qui aurait permis de maintenir pendant 5 ans le PAJE au taux actuel. La disparition de l'impôt sur la fortune, est avant tout symbolique, l'essentiel étant qu'elle intervienne avant 2022. M. Macron serait-il l'ennemi des Pauvres et des classes moyennes ?

À quoi sert une journée de mobilisation des fonctionnaires ? 18.10.2017

Les journées de grève des fonctionnaires ne servent pas à grand-chose si ce n'est à renflouer les caisses de l'État. En effet lorsque 30% des agents de l'état cessent le travail pendant une journée, le trésor économise 120 millions d'euros, autant qu'avec la réforme de l'APL qui a coûté si politiquement cher à M. Macron. Si un gouvernement était cynique, il ferait tout pour pousser les fonctionnaires à bout et les inciter à multiplier les arrêts de travail.

Si ces journées de mobilisation en général ne font pas plier le pouvoir, en revanche les cheminots peuvent s'ils bloquent la circulation des trains pendant plusieurs jours, obtenir quelques avantages. Mais ils ne se mettent en grève que si leurs intérêts particuliers sont menacés (ce qui est logique). Ils ne mènent pas de « luttes » (selon la terminologie marxiste) par procuration. Ils ne combattent que pour leurs salaires, leurs retraites et leurs conditions de travail. Or ils ne bougent pas cette fois-ci.

Autre mouvement qui, lorsqu'il prend de l'ampleur, a fait plier maints pouvoirs : les manifestations de lycéens et d'étudiants. N'étant pas payés, ils peuvent se permettre de sécher les cours pendant des semaines et de multiplier les rassemblements. Les gouvernements sont paralysés face à eux et finissent le plus souvent par capituler s'ils se mobilisent plus d'un mois. Heureusement pour M. Macron, les vacances de la Toussaint approchent. L'agitation lycéenne qu'on constate ce mardi va s'éteindre d'elle-même et ne reprendra pas en novembre à cause du froid et de la pluie qui découragent en général les manifestations.

Les raisons du mécontentement des fonctionnaires sont multiples. L'augmentation de la CSG sera tout juste compensée et encore les modalités proposées sont floues, car le pouvoir est désargenté. Arrivera-t-il à sortir les 3 milliards nécessaires ? Rien n'est moins sûr et certaines catégories (les plus aisées ?) risquent d'être sacrifiées.

Autre point de crispation : la valeur du point d'indice n'évolue presque plus depuis 2010. Si le pouvoir d'achat des agents de l'État augmente, c'est uniquement à cause de l'ancienneté. Si la situation perdurait encore 30 ans, tout le monde sauf les préfets et encore serait payé au SMIG. Absurde. Du coup, l'État revalorise régulièrement certains de ses agents, mais c'est une politique de gribouille. Le vrai problème réside dans l'obésité de la fonction publique. La seule solution consisterait à supprimer sur 10 ans, 1 à 2 millions de fonctionnaires et à augmenter ceux qui restent.

Car si, beaucoup d'agents de l'État sont surmenés et croulent sous le travail, une part non négligeable d'entre eux est parfaitement inutile surtout dans les administrations locales. Un exemple parmi d'autres : M. Hollande a recruté 60 000 enseignants en 5 ans et, pourtant le nombre d'élèves par professeur a augmenté, car on a multiplié les postes sans élèves. Améliorer la situation dans la fonction publique revient à nettoyer les écuries d'Augias.

Que fera le gouvernement quand le piège de la dette se refermera ? : 19.10.2017

La récente et scandaleuse note de *France stratégie* préconisant la nationalisation d'une fraction des terrains pour payer la dette de la France, jette une lumière crue sur ce problème. Comment nous sortirons nous de ce piège ? D'abord dépasser 100% du P.I.B ne rendra pas nécessairement insoutenable le poids de nos emprunts. Le Japon a dépassé les 200% depuis 20 ans sans dommage. Au sortir des guerres mondiales, la Grande Bretagne et la France étaient des situations bien pire et dès les années 1955, les emprunts ne pesaient plus que 50% du PIB. En 1820

L'Angleterre devait rembourser 200% de son PIB et les intérêts mangeaient la moitié des impôts perçus. Elle s'en est sortie.

Il y a une chance sur 2 pour que la machine craque mais ne rompt pas. Si tout va bien, nous monterons à 99% du PIB en 2019 avant de redescendre à 80% en 2030. Mais si une nouvelle et violente crise économique se produit, si plus personne ne veut nous prêter ou seulement à des taux exorbitants que se passera-t-il ? Première solution : faire faillite (totalement ou au 2/3) comme l'a fait l'Argentine dans les années 2000, mais alors la France sera exclue des marchés. Or notre budget n'est plus en équilibre depuis 1974 et nos recettes ne couvrent que 92% de nos dépenses hors le service de la dette. Le pays serait soumis à une diète insupportable. L'Argentine a laissé le choix à ses créanciers, soit ne plus rien toucher pendant 30 ans soit accepter une décote de 60%. 98% des débiteurs ont cédé. Les autres ont obtenu l'intégralité de leurs avoirs après une série de procès qui ont duré 20 ans. Mais le budget de l'Argentine sans les intérêts de la dette était alors équilibré, ce qui n'est le cas chez nous. Cette voie nous est donc interdite.

Le gouvernement aura deux autres possibilités à sa disposition : la première consiste, comme le suggère France stratégie, à confisquer les biens des Français, soit une partie des terrains soit une partie des dépôts bancaires (comptes courants, livrets, PEL, assurances vie) ou plus sûrement en mixant les 2 mesures. Si les sommes extorquées aux Français couvrent 25% de la dette, les créanciers seront rassurés et prêteront à nouveau. Confisquer 5% des biens immobiliers et des dépôts bancaires suffira et sera mieux accepté par l'opinion.

La deuxième méthode sera plus indolore, mais pour finir elle volera autant les Français. L'état paiera ses fonctionnaires en reconnaissances de dettes une « fausse » monnaie qui sera acceptée dans les magasins et que le gouvernement pourra émettre autant qu'il le souhaitera, ce qui lui permettra d'équilibrer son budget. Au début elle sera à parité avec l'euro, mais les commerçant lui appliqueront une décote qui atteindra rapidement 40%. En perdant la moitié de leur valeur faciale ces reconnaissances de dettes permettront de rembourser nos emprunts.

Quelle que soit la solution choisie, la crise sera violente, mais se terminera au bout de 5 ans et l'économie se relancera sur des bases assainies. Alors quand serons-nous volés ?

France stratégie préconise de voler les biens immobiliers des particuliers pour payer la dette : 20.10.2017

« Le monde » détaille sans frémir la dernière et nauséabonde idée de France Stratégie. Cet organisme payé par nos impôts est chargé de « conseiller » le Premier ministre. Il a été dirigé par Jean Pisani-Ferry qui est désormais un proche du Président Macron et travaille à l'Élysée. L'année dernière, ce comité proposait déjà de taxer les propriétaires occupants et de rajouter à leurs revenus les loyers fictifs qu'ils encaisseraient si leur domicile était loué. Cette spoliation inique était présentée comme la fin d'une fraude massive et scandaleuse et M. Macron a eu beaucoup de mal à se débarrasser de cette suggestion loufoque qu'il n'a (heureusement) pas reprise à son compte, mais que l'un de ses principaux partisans avait portée.

France stratégie récidive sans pudeur avec une idée encore plus révoltante. Il préconise que l'État confisque à son profit une partie (non précisée, serait-ce 10%, 20% voire plus ?) des biens immobiliers possédés par des particuliers, cela afin de rembourser la dette colossale qui nous étouffe. Les anciens propriétaires devraient régler chaque année à l'État une rente, car ils occuperaient un domicile qui ne leur appartiendrait plus entièrement. S'ils ne le font pas, le trésor récupérerait la somme non payée lors de la vente ou de la succession (ajoutera-t-on alors des intérêts ?). Les mots me manquent pour décrire cette folie ! Les auteurs de cette « ânerie » avouent bien volontiers que leur suggestion est détonante, radicale, et qu'elle créera des polémiques. Mais selon eux, leur mesure est habile, car son impact serait bien plus limité qu'une hausse d'impôts. Les propriétés saisies serviraient de garant à la dette et la rendraient soutenable et dans les faits, cette mesure reviendrait à faire exploser l'impôt sur les successions, puisque la rente ne serait récupérée qu'à la vente ou lors de la transmission. Bien sûr, ils prétendent que les plus fortunés seraient le plus atteints, mais ces beaux esprits ne voient pas l'évidence : les « riches » n'achèteront plus leur logement, mais les loueront à des sociétés immobilières. La charge de ce prélèvement retombera exclusivement sur la classe des Français moyens et encore si son montant est peu élevé. Mais si l'État est trop gourmand, plus personne n'achètera de biens immobiliers et la valeur des maisons et des appartements s'effondrera dans des proportions incalculables, ruinant les Français et rendant inopérante cette mesure stupide.

Selon les auteurs de cette proposition, la dette est passée de 50% à 100% du PIB entre 1990 et 2017 alors que la fortune immobilière détenue par les ménages elle a cru de 125% à 255%. Faudrait-il donc pour eux confisquer 40% de la valeur de tous les biens immobiliers ? Non vraiment il est grand temps que l'État fasse des économies et dissolve France Stratégie.

La baisse du chômage est-elle vraiment enclenchée ? : 25.10.2017

Les thuriféraires de M. Macron sont aux anges, car le nombre d'inscrits en catégorie A (ceux qui ne travaillent pas) à Pôle emploi a baissé en septembre de 1,8 %, du jamais vu depuis 2001. Il existe néanmoins quelques ombres sur cet excellent chiffre : il est stable sur le 3ième trimestre (−0.2%) et sur 1 an

(+0.2%). Ensuite le nombre d'inscrits depuis plus d'un an a augmenté de 0.1% en septembre et de 2,9% sur un an. Ceux qui le sont depuis plus de 3 ans sont 4% de plus en 1 an (Une catastrophe). Ensuite la catégorie B (ceux qui ont travaillé moins de 78 heures) recule de 1% alors que la catégorie C (ceux qui ont eu une activité réduite de plus 78 heures) augmente de 3%. En fait, les nouveaux emplois sont à temps partiel et sont peu rémunérateurs.

Cette amélioration sensible n'est pas due à M. Macron, mais pour une part, à la politique de son prédécesseur (eh oui !) et surtout à l'excellent environnement international. (Mais c'est souvent le cas avant une crise sévère) Peut-être que les réformes du Président produiront à terme des effets bénéfiques (on peut rêver), mais nous ne pourrons juger les résultats que dans 1 an (voire 2), car l'inertie en économie est grande. La seule mesure du gouvernement qui a eu un impact immédiat (et négatif !) sur l'emploi est la suppression brutale de 200 000 emplois aidés. Si dans l'espoir absurde d'être réélu, M. Hollande n'avait pas subventionné à tout va ces emplois et créé des stages de formation bidon, la hausse du chômage aurait été bien plus forte fin 2016 et début 2017 et l'amélioration que nous venons de constater serait vraiment spectaculaire.

Hélas ! La machine à peine relancée se grippe déjà. Les experts estiment que les embauches en CDI ne progresseront plus que de 1,5 % au second semestre contre 6% au premier. Pendant cette même période, 47 000 postes seront créés contre 145 000 dans la première partie de 2017. De même, le taux de chômage de l'INSEE était de 9.9% en décembre 2016, de 9.5% en juin2017 et ne sera qu'à 9.4% fin 2017. Ce futur ralentissement sera peut-être provisoire (Espérons -le) Il s'explique par la fin des emplois aidés dont la suppression va s'étaler jusqu'en décembre (+15 000 chômeurs de plus). En outre, une prime à l'embauche s'est terminée en juin. Or elle a eu un effet d'aubaine et les patrons se sont précipités de créer des postes pour en profiter, quitte à avancer de quelques mois la prise de fonctions. Sans cette prime, les créations se seraient étalées uniformément sur toute l'année.

On verra dans 1 an ou 2 si M. Macron commence à nous sortir de l'ornière ou s'il continue sur la lancée de son prédécesseur. Prions surtout pour que n'éclate pas une crise qui abattrait définitivement un pays qui a été incapable de surmonter les précédents krachs contrairement à 80% des autres nations.

La flat tax va-t-elle être un piège pour le gouvernement ? : 26.10.2017

La flat tax a pour elle d'être simple. Désormais le contribuable paiera un forfait de 30% sur tout revenu provenant d'un placement mobilier (livrets, PEL, dividendes d'actions, intérêts de prêts et d'obligations, plus-values sur actions et obligations). Ne sont exemptés que les livrets A, les CODEVI, les livrets d'épargne populaire. Le P.E.A reste à part. La fiscalité actuelle de l'assurance-vie ne sera pas modifiée si les montants des contrats ne dépassent pas 150 000 € pour un célibataire et 300 000 € pour un couple. On ne sait pas encore ce qui se passera quand l'un des membres du couple aura un contrat de 80 000 € et l'autre de 230 000. Seul celui de 230000 sera-t-il impacté ? Ou les 2 ? Pour les contrats dépassant le seuil de 150 000 €, la flat tax s'appliquera uniquement pour les revenus des versements qui ont eu lieu après le 27 septembre 2017. Aux banques de calculer la répartition entre placements avant ou après cette date. Bien entendu, cette taxe ne s'applique que si le détenteur du contrat fait des retraits et à ce moment uniquement (pas chaque année !). Les règles ne sont pas changées lors d'une succession. (En général, les héritiers sont exonérés en dessous de 152000 €).

Le contribuable peut choisir de ne pas bénéficier de la flat tax. Mais il n'y a intérêt que s'il ne paye aucun impôt. En effet, la première tranche est à 14% et la CSG à 17.2%. La nouvelle règle sera favorable pour 99% des Français. Les classes moyennes étaient autrefois prélevés à 45,5% et les plus aisées à 50,5%. Seule l'assurance-vie (pour les gros contrats) sera défavorisée (on passe de 23,5% à 30%) Néanmoins les gros contrats de moins de 4 ans seront gagnants, car l'imposition était autrefois de 50,5%.

M. Macron s'est bien gardé d'étendre à l'immobilier cet avantage et a au contraire aggravé les prélèvements qui se monteront désormais à 47,2% pour les classes moyennes, une quasi-confiscation. Comme en même temps, le pouvoir s'attaque aux H.L.M au point que celles-ci vont sans doute renoncer à construire, une grave pénurie de logements étant à craindre vers 2022.

Cette réforme risque de coûter cher à l'État, loin des 1,7 milliards que M. Lemaire avance. En effet actuellement beaucoup entrepreneurs possesseurs de leur entreprise, se verse un salaire en se nommant P.D.G, car ce moyen de se rémunérer est bien moins taxé (même en comptant les charges sociales). Avec la flat tax, ils auront intérêt à ne plus s'octroyer de salaire, à augmenter d'autant ses dividendes et à souscrire à côté assurance-maladie et retraite. Ils sont 500 000 dans ce cas et le manque à gagner pour la sécurité sociale et le trésor montera vite en fait à 5 milliards.

L'instauration d'une flat tax est une bonne idée, mais le taux pose problème. 38 % serait plus justifié que 30 % , avec bien sûr, le droit de renoncer à cet avantage si on est taxé à 0% ou à 14% sur l'impôt sur le revenu. En outre il aurait fallu l'étendre à l'immobilier.

Les banques gagnent de l'argent sur le dos des « pauvres » : 26.10.2017

Une banque n'a aucun intérêt à n'avoir que des clients à hauts revenus et qui n'utilisent jamais leur découvert, car ils sont difficiles à séduire et à garder. Elle doit leur concéder des taux d'emprunts bas, leur présenter des placements qui rapportent vraiment (Ils existent, mais ne sont pas rentables pour la banque). Pour finir, un établissement qui ne compterait que ce type d'usagers risquerait de faire faillite. En revanche, un « pauvre » à faibles revenus, qui n'arrive pas à joindre les deux bouts, qui utilise et dépasse régulièrement son découvert autorisé est une vraie mine d'or. Et en toute logique capitaliste, les banques devraient se disputer cette clientèle et tout faire pour l'attirer, car elle les rentabilise.

En dehors des agios pour découverts autorisés (que 61% des foyers utilisent chaque mois), les frais pour dépassement du plafond rapportent 6,5 milliards d'euros aux banques. En effet, 25 % des Français dépassent cette limite une fois par mois, dont 28% parmi ceux qui gagnent moins de 1500 € et 16% de ceux dont les revenus sont compris entre 1500 € et 3000 €. Au-dessus de 3000 €, 52% rencontrent ce problème, mais qu'une fois par an

Les coups du sort, les factures imprévues, l'incapacité à gérer le budget et à prévoir les grosses dépenses annuelles comme les impôts expliquent ces dépassements excessifs, mais surtout le phénomène s'auto-entretient. Lorsque vous avez fini de régler votre dette et les frais afférents, vous démarrez avec un reliquat bien trop faible pour finir le mois et vous serez obligé de contracter un nouveau découvert. Or un dépassement coûte 60 € en moyenne mais la facture s'élève 300 € pour les plus fragiles qui ne parviennent pas à rembourser rapidement ce qu'ils doivent ; ils n'arrivent jamais à se remettre à flot.

La loi essaie de limiter les sommes demandées, mais les banques contournent les obstacles. Dès qu'un frais est plafonné, elles en augmentent ou en inventent un autre. Par exemple, on fait payer de 12 à 20 euros le courrier envoyé à cette occasion. (Un timbre coûte 0.73 € !)

Il ne s'agit ni plus ni moins que d'un racket. Dans beaucoup de pays comme l'Inde, les usuriers saignent à blanc les pauvres. En France, en 2017, les établissements bancaires jouent ce rôle de vampire et ponctionnent une part importante (10 à 20%) des revenus des « pauvres »

Que faire ? Interdire les découverts aux plus fragiles ? Il existe quelques banques qui fonctionnent sur ce schéma et pour cette clientèle. Elles n'ont pas de guichets et utilisent les buralistes comme intermédiaires. Mais elles ne sont pas pour l'instant rentables et ne le seront jamais. Ensuite le besoin de découverts n'étant pas pour autant supprimé, des usuriers, plus ou moins liés à la mafia, prendraient la place laissée vacante. Les taux exploseraient et il n'y aurait alors plus aucune protection pour les pauvres. Dernier argument le pire de tous : cette extorsion de fonds est vitale pour les banques, sinon elles feraient faillite, ruinant l'économie.

Le gouvernement cherche à réduire les dépenses pour le logement : 27.10.2017

L'État dépense 40 milliards pour le logement, plus paraît-il que les autres pays de l'U.E et se plaint de ne pas obtenir de résultats tangibles, mais ce constat est-il exact ? D'une part, Les Français consacrent 22% de leurs revenus autant que leurs voisins. D'autre part, si le dispositif Pinel et les APL coûtent cher, ce qui est donné d'une main est vite repris de l'autre, car nous sommes les champions du monde de la taxation des propriétaires.

Devenir bailleur étant réservé aux plus favorisés, les bailleurs atteignent vite les tranches à 30%. Avec les 17,2% de CSG, la spoliation sur les bénéfices atteint 50% ! Prétendre que 78% des APL vont dans la poche du méchant propriétaire est un honteux mensonge, car en fait 30% des APL retournent par la suite dans celles de l'État

Quant au dispositif Pinel, la dépense de départ n'est qu'apparente. Avec une TVA à 20%, l'impôt sur le revenu à 50% des loyers et la taxation des plus-values (qui ne tiennent pas compte de l'inflation) l'État récupère autant sinon plus que ce qu'il a donné.

Comment faire des économies ? Baisser à nouveau les APL ne passera plus dans l'opinion. D'où l'appel démagogique de M. Macron de diminuer de 5 € les loyers. Il sait pertinemment qu'il ne sera pas entendu, car les propriétaires ne vont pas se faire hara-kiri. En outre, s'il était entendu, l'État perdrait en 2018, 100 millions sur les 360 péniblement récupérés avec les 5 € et l'APL étant basée sur les loyers, elle baisserait en 2018, au grand dam des locataires. Non M. Macron voulait juste transférer l'impopularité de la mesure sur les méchants propriétaires et surtout ne pas être entendu.

Que fera-t-on en 2018 ? M. Mézard, le ministre du logement refuse de toucher au Pinel, car supprimer ce dispositif serait cataclysmique. En le resserrant aux zones les plus tendues, on a déjà fait une grande partie du chemin, même s'il reste des endroits où on construit encore alors que la location est difficile. Il restera juste à éliminer ces dernières poches.

Autre mesure : les APL dépendront désormais des revenus de l'année en cours et non de ceux de l'avant-dernière. Gain attendu : 100 millions d'euros, une goutte d'eau. Le gouvernement négocie avec les HLM la baisse des loyers et diminuerait parallèlement les APL, mais s'il ne donne pas de dédommagements aux organismes sociaux, il les affaiblira et ralentira la construction de nouveaux HLM et s'il offre des compensations, il perdra autant qu'il gagnera !

Le reste constitue en effet d'annonces déjà mises en place par les précédents pouvoirs : obliger les propriétaires de terrains constructibles à les vendre (mais ils sont paralysés par la terrible loi sur les plus-values !), réduire les normes (au risque d'un scandale si elles se révélaient nécessaires), éviter les recours contre les permis de construire (mais cela risque de permettre de construire partout sur le littoral)

Bref, comme souvent, il n'y a aucune solution miracle ! Sauf une impossible à mettre en œuvre politiquement : permettre l'expulsion immédiate des locataires mauvais payeurs.

Et si l'Éducation nationale redevenait le ministère de l'instruction publique ? : 09.11.2017

En 1822, le gouvernement Français de l'époque a créé un ministère de l'instruction publique et des affaires ecclésiastiques. En 1828, bien qu'il ait continué à s'occuper des cultes, ce portefeuille a perdu la deuxième partie de son intitulé. Cette tradition de chapeauter, sous une même direction, enseignants et prêtres, a perduré sous la monarchie de Juillet, la Seconde République, le Second Empire et par à-coups jusqu'en 1895. Il y avait donc au départ une volonté forte d'inculquer aux jeunes esprits une morale « chrétienne. »

En 1932, l'instruction publique a été rebaptisée ministère de l'éducation nationale, intitulé qu'elle a conservée jusqu'à nos jours sauf pour une courte période sous Vichy de juin 1940 à mai 1941 où elle a repris son ancien nom. Mais cette tradition si bien établie qu'elle semble indéboulonnable est-elle justifiée ? Le titre d'origine n'est-il pas au fond plus logique et ne conviendrait-il pas d'y revenir de toute urgence ?

« *Éducation* » est un terme ambigu et politique. Celui qui emploie ce mot, signifie qu'il cherche à transformer l'enfant, à lui inculquer des valeurs qu'il estime fondamentales. Mais de quel droit l'enseignant choisit-il pour son élève, ce qui est bien ou ce qui est mal ? Qu'est-ce qui l'autorise à déclarer que telle opinion est préférable à telle autre ? Les totalitarismes éduquent leur jeunesse et violent les esprits enfantins. Les démocraties n'ont surtout pas à leur emboîter le pas. Au risque de choquer, j'associe « *éducation nationale* » à « *fascisme* », les premiers items n'étant qu'une version édulcorée de la seconde idéologie. Celui qui « sait » et « veut » transmettre ses « préjugés, quels qu'ils soient, n'est qu'un apprenti dictateur, alors qu'Instruire est neutre et respectueux de la personnalité de chacun.

J'ai été professeur pendant 35 ans. Je n'avais qu'à instruire mes élèves en mathématiques, à faire en sorte qu'ils soient les meilleurs dans ma matière. Là s'arrêtait mon rôle. Je n'avais pas à former des adultes, car, alors, quel modèle leur proposer ? Le mien ? Suis-je si parfait ? Bien sûr que non ! La doxa dominante prétend que nos lycées et nos collèges visent à créer des citoyens, ouverts aux autres, respectueux des minorités ethniques religieuses ou sexuelles, écoresponsables et prompts à lutter contre le réchauffement climatique. Le résultat est effarant et le naufrage est total. Des établissements scolaires sont vidés de leurs Juifs dans l'indifférence la plus totale. On ne compte plus les cas de harcèlements scolaires et beaucoup de jeunes hommes ne voient dans le sexe opposé que du gibier à chasser. Quelle morale apprend-on donc au sein de la pitoyable « *éducation nationale* » ? Autant supprimer cette farce scandaleuse et s'en tenir désormais à une stricte neutralité. Les professeurs ne doivent « vendre » aucune idéologie à leurs ouailles.

Je connais l'argument ultime que l'on va m'opposer. « *Instruction publique* » est un terme vichyste puisque l'État Français a brièvement repris cet intitulé. Mais l'intermède n'a pas duré longtemps, onze mois seulement, car, sans doute, le pouvoir vacillant du soi-disant vainqueur de Verdun souhaitait, au moins symboliquement, contrôler les jeunes esprits. Et rejette-t-on les allocations familiales sous prétexte qu'elles ont été instaurées par le gouvernement Pétain ? Je vous laisse énoncer la réponse.

La partition de la France est-elle la solution ? : 09.11.2017

En 1961, alors qu'il apparaissait que la France n'avait aucune chance de gagner la guerre qu'elle menait alors en Afrique du Nord, des projets de partitions de l'Algérie ont fleuri. On a sérieusement envisagé de créer une réserve pour pieds noirs et harkis centrée autour d'Oran et Alger la blanche aurait été, comme Berlin, divisée en deux. Le général de Gaulle a fini par refuser ce plan établi par Alain Peyrefitte, car selon lui, les européens d'Afrique étaient incapables de vivre sans esclaves musulmans. Finalement, les rapatriés ont été chassés de leurs foyers et ont dû rentrer en métropole où ils n'avaient aucun serviteur pour les assister.

De tout temps, séparer territorialement deux ethnies ou deux groupes qui ne se supportent plus a permis la résolution des conflits. Ainsi, la Grèce et la Turquie en échangeant leur population en 1922, ont mis fin à une guerre qui a duré 100 ans. Chypre a retrouvé la paix (même si le partage n'est pas égal !). Le Soudan a liquidé une grande part de ses guerres civiles ainsi en donnant l'indépendance au Sud du pays. L'autre méthode pour ramener le calme consiste à former des gouvernements proportionnels, comme au Liban, en Irlande du Nord ou en Nouvelle-Calédonie. Mais il faut pour cela un minimum de valeurs communes, la nation pour le pays du cèdre, les lois ordinaires pour l'Ulster et la Kanaky

La « Guerre de France » est à peine à ses prémisses. Nombre d'attentats islamistes meurtriers viennent d'avoir lieu et quelques répliques venant de l'autre camp font leur apparition. En outre, des territoires sont hors du contrôle de la République. La police ne peut y venir qu'en force et pour des durées limitées. Nous sommes à tout moment la merci d'un dérapage et d'une explosion qui dépasserait en violence celle des émeutes de 2005. Verra-t-on alors l'Armée occuper militairement les banlieues pour rétablir l'ordre ? À son apogée, « la guerre de France » sera marquée par une succession d'attentats auxquels plus personne ne fera attention, par un harcèlement sans fin des forces de l'ordre, par des zones « libérées » aux mains des islamistes.

Même si le conflit n'est encore qu'à ses balbutiements, la notion de partition progresse dans l'opinion. M. Hollande l'a publiquement évoquée en 2016. Tout le monde se rend compte qu'un deuxième peuple s'est formé dans l'Hexagone, un rameau qui veut régler sa vie sur des valeurs religieuses et qui est fondamentalement opposé au consensus libéral sur lequel était fondé jusqu'alors notre pays. Or une nation repose toujours sur un pacte fondamental, un minimum de lois que tous approuvent. Ce n'est plus du tout le cas aujourd'hui. Nous ne pourrons jamais faire rentrer le dentifrice dans le tube et convertir les 30% de musulmans qui exigent l'instauration de la charia aux mérites de notre démocratie et de notre laïcité. Nous laissons actuellement se mettre en place une ségrégation qui ne dit pas son nom. Alors que nous ne sommes pas encore en guerre ouverte, les fidèles du Prophète se regroupent déjà dans des zones parfois régies par des règles particulières (voile obligatoire, rejet des Juifs en certains ghettos, mariage et vie conjugale réglée suivant les principes coraniques)

Continuer à ne pas voir la réalité en face, tourner la tête, espérer que par miracle le conflit n'éclatera pas, sera toujours tentant pour les pouvoirs centristes ou de Gauche. Par peur de paraître islamophobes, pour contenter cette frange remuante des musulmans, ces gouvernements bien-pensants sont prêts à accepter la généralisation à l'ensemble du pays des pratiques radicales : le voile à l'école et au travail, l'obligation de la viande halal dans toutes les cantines. Si on les suit, empêcher de manger quelqu'un pendant le ramadan ne sera plus une infraction et le blasphème sera puni en tant qu'incitation à la haine raciale, peine qui s'appliquera à tous ceux qui s'opposeront d'une manière ou une autre à l'Islam. Les chrétiens conserveront leurs droits, mais ils devront se montrer discrets. Peu à peu les carillons des églises s'arrêteront. Il n'y aura pas comme dans le roman « *Soumission* » de vague d'adhésion à l'Islam, simplement une minorité religieuse imposera ses règles. Néanmoins, cette politique d'apaisement actuellement pratiquée sera balayée tôt ou tard par une virulente réaction nationaliste. J'ai été étonné de la libération de la parole à l'occasion des attentats. Des opinions « rudes » et quelque peu extrémistes ont été émises sans aucune gêne alors qu'elles étaient inimaginables il y a cinq ans. Si Marine le Pen n'avait été aussi nulle, peut-être aurait-elle été élue en 2017 tant sa politique identitaire parlait à une fraction importante des Français. La victoire d'Emmanuel Macron n'a pas fait disparaître les problèmes. Ils ont juste été mis de côté. Si un leader sait incarner le contingentement de l'Islam tout en restant présentable, il deviendra pour longtemps le Président des Français.

Mais ce nouveau pouvoir qui refusera la soumission déclenchera par réaction « la guerre de France » et très vite, il cherchera à en sortir, car de même que les Anglais n'ont jamais réussi à dompter les catholiques Irlandais, jamais nous ne pourrons éradiquer l'islamisme radical.

L'expulsion des plus extrémistes, appelée élégamment remigration, est impossible si nous gardons un cadre démocratique. (Mais rien ne dit que « la guerre de France » ne sera pas un marchepied pour des gouvernements autoritaires). De toute façon, faire partir les descendants d'immigrés serait brutal et intolérable et il suffit pour s'en convaincre de regarder le sort dramatique des Rohingyas. Une séparation totale, territoriale et politique, est impossible. Aucune nation viable ne pourra être constituée à partir de multiples ghettos musulmans qui n'ont aucune unité géographique. D'autre part, l'économie de cette entité serait proche du néant : aucune usine, aucune ressource minière ou agricole. Elle ne serait qu'un parasite qui vivrait au détriment du reste de la France.

Non, la seule solution qui me semble convenir aux diverses tendances de la société actuelle, serait un état qui s'inspirerait de l'Algérie coloniale et à la Mayotte du XX ième siècle : un seul territoire, un seul gouvernement, mais deux peuples : les Français avec les lois habituelles et les musulmans avec un statut coranique (mais uniquement pour ceux qui le choisiront). Ces derniers auront le droit de vote contrairement aux indigènes de l'Algérie coloniale, mais ils appliqueront la Charia dans la vie courante, pour régler les lois matrimoniales (ce qui légalisera la polygamie) et pour l'héritage. Ils ne s'adresseront plus à des juges français pour des litiges entre musulmans, mais à des cadis. En revanche, les conflits entre Chrétiens et croyants resteront du ressort des tribunaux ordinaires. Néanmoins, pour que ces concessions aux islamistes soient acceptables aux yeux du reste de la population, les droits des fidèles du Prophète qui choisiront le statut personnel seront plus restreints que ceux des autres habitants de l'Hexagone, ne serait-ce que pour les allocations familiales et aucun empiétement de l'islam dans la législation ordinaire ne sera toléré. Ce système impliquerait des établissements scolaires ou hospitaliers réservés aux croyants et donc la création de comités locaux qui les géreront en toute indépendance. Un conseil d'Ulémas fixera la loi religieuse, mais l'autonomie s'arrêtera là. Il est évidemment hors de question qu'un embryon de gouvernement musulman ne s'installe en France. Ce système a fonctionné sans trop de problèmes de 1890 à 1940 en Algérie. En outre, il est proche du système instauré par l'édit de Nantes et qui a été une réussite, sauf que les musulmans n'auront pas de place de sûreté et qu'il n'y aura pas de tribunal mixte pour les litiges mixtes Il ramènerait la paix en France, briserait net les débordements de l'Islam et préserverait pour 95% de la population un cadre démocratique.

Revoilà le prélèvement à la source : 14.11.2017

Le prélèvement à la source a été reporté d'un an, soi-disant pour permettre aux entreprises de s'adapter. Cette raison était valable, car 1 employeur sur 3 n'était pas prêt et, à trop se précipiter, on risquait une catastrophe industrielle et la cessation de paiements. Néanmoins, s'il n'y avait eu que cette impréparation des entreprises, le pouvoir aurait sans doute tenté de passer en force en 2018. Mais M. Macron voulait que les salariés découvrent sur leurs bulletins de paye les « bienfaits » de l'allégement de charges. Avec le prélèvement à la source, la somme reçue par chacun à la fin du mois, aurait sensiblement (et artificiellement) baissé et les Français n'auraient pas pu apprécier le « geste » du pouvoir.

Désormais les dés sont jetés et sauf cataclysme économique ou politique (que je ne souhaite évidemment pas) le prélèvement à la source se fera en 2019. Il aura un coût qui pèsera sur les entreprises : 1,2 milliard d'euros selon le patronat, 300 millions à 420 millions selon le gouvernement, ce qui est considérable. Ces dépenses se produiront surtout au départ du nouveau système et correspondront à l'achat de nouveaux logiciels, à la formation des comptables et à la gestion des inévitables conflits. Heureusement, elles diminueront sensiblement avec le temps. M. Macron prétend toute faire pour alléger les charges qui entravent l'économie, mais il commence son règne en chargeant la barque (même si parallèlement l'impôt sur les sociétés va baisser) pour une réforme qui rien ne justifie si ce n'est vouloir transférer le poids de la collecte de l'impôt sur le revenu au privé. Car une mensualisation forcée aurait eu exactement le même effet, avec sans doute moins de risques juridiques provoqués par l'année blanche « 2018 ».

Fidèle à sa méthode Coué qui consiste à nier tout problème et à affirmer que toutes les mesures ont été prises, le gouvernement prétend avoir entendu et anticipé les doléances du patronat. Ainsi, le taux à appliquer au contribuable sera connu par l'entreprise deux mois avant le début du prélèvement. Cela évitera d'appliquer indistinctement le taux neutre pendant deux mois, ce qui aurait amené maintes plaintes surtout de la part des salariés les plus modestes, qui auraient été injustement prélevés. De même lors de la déclaration de revenus 2017, les contribuables choisiront la manière dont ils seront imposés : soit au taux neutre (en fait le taux alourdi, car correspondant à un célibataire sans enfant) soit au taux individuel (sans tenir compte des revenus du conjoint pour éviter que l'employeur détienne des informations sur sa vie privée. Si votre femme gagne 10 000 € par mois pourquoi vous augmenter ?) soit au taux réel payé par le couple.

En tout cas, quand la gauche reviendra au pouvoir (ce qui arrivera tôt ou tard) elle aura un magnifique instrument pour baisser la CSG des classes populaires et augmenter d'autant l'impôt des classes moyennes, alors que nous sommes déjà un des pays les plus imposés au monde.

Plus de 6 milliards d'aide ne seraient pas versées : 15.11.2017

Selon une étude réalisée par Internet, 34% des personnes éligibles aux aides sociales ne toucheraient rien. Pour 1 personne sur 2 cela s'expliquerait par un manque d'information. Viennent ensuite le recours à d'autres solutions (comme la garde d'enfants par un membre de sa famille) et le refus de se lancer dans des procédures complexes (remplir les formulaires est souvent rebutant). Pour d'autres, le reste à charge étant trop important, ils préfèrent s'abstenir ou recourir au travail au noir. Enfin, certains refusent de donner des renseignements sur eux-mêmes et se méfient de l'administration. En revanche, les aides pour le handicap sont bien intégrées et rares sont ceux qui n'utilisent pas ce dont ils ont droit dans ce domaine.

Selon une autre enquête, réalisée à l'instigation du secours catholique, 31% des ménages français ou étrangers ne demandent pas les allocations familiales auxquelles elles pourraient prétendre et 40% de ceux qui pourraient percevoir le RSA ne font aucune démarche. Ces pourcentages sont effarants. Même si le secours catholique a chargé la barque et si les chiffres réels sont divisés par 2 ils continueraient à poser un problème. Les sommes non versées au titre du RSA avoisineraient les 5,3 milliards d'euros à comparer aux 5 milliards que coûterait l'ensemble de la fraude aux prestations sociales. On ne demanderait pas le RSA, car on estimerait que son montant serait trop faible. (Cette raison me fait tiquer !) D'autres penseraient que leur situation étant provisoire elle s'améliorera rapidement. La honte de faire appel à « la charité publique » dissuaderait un grand nombre de faire toute démarche. Enfin, des étrangers en situation irrégulière préféraient se priver de toute aide, car ils redouteraient d'attirer l'attention sur eux. De même, certains ne réclament pas la CMU (la couverture à 100% des frais médicaux pour les catégories les plus modestes). Mais c'est surtout, l'ACS (l'aide à la souscription d'une mutuelle pour ceux qui n'ont pas droit à la CMU, mais dont les revenus restent faibles), qui est méconnue. 60% de ceux qui pourraient la toucher ne le font pas. Cette abstention s'explique parce qu'une partie de la cotisation reste à charge et que beaucoup préféreraient faire l'impasse sur cette dépense au risque d'être confronté à des frais médicaux importants

Le secours Catholique donne probablement une vision faussée de la réalité (c'est de bonne guerre). Néanmoins il faudrait sans doute réformer la façon de délivrer les aides en se basant sur la déclaration des revenus et en automatisant au maximum pour éviter que les bénéficiaires aient à demander les prestations auxquelles ils ont droit. Cela permettrait de recouper tous les dossiers et de mener une guerre sans merci contre la fraude (qui existe et n'est pas négligeable contrairement à ce que prétendent les associations). Ainsi, les sommes récupérées financeraient les augmentations considérables de dépenses induites par une meilleure distribution des aides.

Vive la terminale C : 17.11.2017

Il est des décisions qui font l'unanimité (ou presque) et qui sont pourtant des sottises. La suppression en 1993 de la terminale C par M. Bayrou appartient à cette catégorie. À l'époque, une seule voix s'était élevée pour dénoncer cette mise à mort : celle de M. Legrand, qui avait été un admirable et très pédagogue professeur de classe préparatoire à Lille et un non moins remarquable doyen de l'inspection de mathématiques. Il dénonçait les dangers de cette régression et tout ce qu'il a annoncé dans la tribune du Monde où il s'est exprimé, s'est produit, mais il a parlé dans le vide. L'heure était à la dénonciation de « la dictature des mathématiques ». Il est vrai que des dérives avaient eu lieu. Il fallait un bac C pour toutes les études supérieures ou presque. Les mathématiques enseignées devenaient délirantes. Je me souviens d'une définition de la droite donnée en quatrième qui, si elle était juste, relevait de la folie furieuse. 90 % des reçus au Capes de mathématiques de 2017, seraient incapables de la comprendre tellement elle était pointue (et absurde !). Bourbaki, où il faut un livre complet pour définir l'égalité, régnait alors en maître.

En 1993, une réforme était indispensable. On aurait dû revenir dans le secondaire à des mathématiques plus simples, plus concrètes. Il fallait lutter contre la suprématie de la terminale C et faire en sorte qu'elle reprenne son rôle initial : être la porte obligée des études scientifiques et non servir de marchepieds à toutes les autres filières. Mais M. Bayrou, applaudi par la France entière, a jeté le bébé avec l'eau du bain et supprimé (ou presque) les mathématiques du cursus du lycée. La Terminale S (même s'il y a eu quelques menus progrès lors de la dernière révision de programme) est bien en dessous de l'ancienne terminale D. Pire, le niveau en math de S en 2017 est en algèbre bien moins développé que celui des sections économiques de 1990 !

Le résultat ne s'est pas fait attendre. Nous avons plongé dans les profondeurs du classement PISA et nos élèves du secondaire sont parmi les plus faibles d'Europe. Paradoxalement même au XXI siècle, nous restons une grande nation mathématique. Nous trustons 21% des médailles Fields (l'équivalent des prix Nobel dans cette matière). Seuls les États-Unis nous dépassent avec 23%. Notre suprématie dans cette récompense tire son origine de l'école normale, qui est sans équivalent dans le monde. Attirer les meilleurs mathématiciens en leur offrant un salaire pour étudier est une initiative géniale. L'autre raison de notre succès tient à l'existence des classes préparatoires si décriées, mais qui, à mon avis, constituent pourtant le meilleur modèle possible. Pour moi, tout pays normalement gouverné devrait les introduire. Les professeurs de CPGE ont dû s'adapter et faire en deux ans ce qu'on faisait autrefois en trois. Nos étudiants de 20 ans n'ont pas le même bagage (et de loin) que leurs aînés mais ils sont néanmoins suffisamment affûtés pour devenir d'excellents ingénieurs ou chercheurs. L'université a aussi toute sa part dans ce cocorico national, car il existe un maillage d'excellentes formations de L3 et de masters dans toute la France. La guéguerre CPGE-facultés est ridicule. On devait supprimer les L1 et L2 des universités scientifiques et toutes les faire basculer sur le modèle des classes préparatoires. En revanche, les facultés sont sans rivales (hors ENS) pour la poursuite des études après la licence et pour la recherche.

Pourquoi me direz-vous mettre l'accent sur les mathématiques, qui sont le symbole de l'abstraction ? Elles sont en fait essentielles pour l'économie et le développement d'une nation. On les retrouve partout. Même les développements les plus pointus peuvent avoir des résultats pratiques. Par exemple, les groupes qui sont une partie « ésotérique » de l'algèbre servent en chimie des cristaux. L'unification de la mécanique quantique et relativiste qui permettrait à la science de faire un bond de géant (y compris dans la vie courante) est freinée, car les structures mathématiques nécessaires ne sont pas au point

En outre, les mathématiques servent à lutter contre les inégalités. Le général de Gaulle et ses ministres de l'éducation ont, dans les années soixante, volontairement mis l'accent sur elles pour ses qualités propres mais aussi parce qu'elles ne sont pas corrélées aux classes sociales. Un enfant né dans une famille modeste a autant de chance de réussir dans cette matière qu'un rejeton des classes favorisées, alors que les langues, le français, l'expression et l'aisance à parler reflètent impitoyablement les origines sociales. La régression de 1993 et la suppression de la terminale C explique peut-être la panne de l'ascenseur social que nous connaissons actuellement.

M. Macron veut réformer le bac. Son ministre, M. Blanquer pourfend la bien-pensance (qui en éducation n'est qu'un moyen de maintenir la domination des classes favorisées).

Nous avons une occasion unique de réparer les dégâts causés par M. Bayrou. Il faudrait récréer sous une forme ou une autre une seconde, une première et une terminale, en revalorisant les maths, en faisant la part belle à l'informatique et en réintroduisant en physique les équations qui ont chassé du secondaire au profit d'un bougi bola indigeste. Osera-t-on le faire et serait-ce encore une occasion ratée ?

Prière de rues à Clichy ; le gouvernement au pied du mur : 20.11.2017

L'élection présidentielle a évacué le débat identitaire, car M. Fillon qui voulait en faire un thème majeur a explosé en plein vol, plombé par les affaires. Mme Le Pen s'est effondrée lors du débat du 2ième tour et n'a jamais été une alternative crédible. En outre, sous l'influence de M. Philippot elle a préféré se concentrer sur l'aspect économique et social pour capter (en vain !) l'électorat de M. Mélenchon, délaissant le seul argument avec lequel elle pouvait marquer des points

Or, il existe dans l'opinion un violent et profond rejet de l'Islam. Le refus (haine ?) de cette religion est probablement majoritaire en France. Pour s'en convaincre, il suffit de lire les réactions épidermiques (qui frôlent, parfois, le racisme) à des articles même mesurés et les commentaires acerbes lus ici ou là. Les bien-pensants s'efforcent d'étouffer le débat et ont réussi jusque-là à contrôler les médias « officiels », mais le feu couve et l'explosion menace.

M. Macron sent qu'il ne pourra pas continuer la politique de l'autruche dans le débat identitaire sous peine d'être balayé en 2022 par M. Wauquiez ou Mme Le Pen. Il va chercher à apparaître ferme, sans se mettre à dos la doxa « islamo gauchiste » un vrai numéro d'équilibriste. Il va se servir pour cela des prières de rues de Clichy. Rien ne justifie l'appropriation régulière de l'espace public par une religion, quelle qu'elle soit. Si l'église catholique organise parfois des processions pour Pâques ou des événements plus locaux, celles-ci ne durent que quelques heures dans l'année et non pas 180 minutes chaque semaine.

Exiger que la ville de Clichy prête un lieu de culte est irrecevable. Ni la constitution ni la loi n'obligent une municipalité de fournir un local aux fidèles d'une religion. Certes les communes sont propriétaires de la grande majorité des églises mais il ne s'agit là que la conséquence de notre passé chrétien et de la loi de 1905 de la séparation de l'église et de l'état. Pour lever cette ambiguïté, pourquoi ne pas restituer (gratuitement) la propriété de ces lieux à la hiérarchie catholique, tout en continuant d'assurer les frais de restauration pour les monuments classés.

À Clichy, la municipalité a proposé aux musulmans une solution qui si elle n'est pas parfaite, a le mérite d'exister. Si les musulmans veulent une mosquée qu'ils se la payent (les églises évangélistes y arrivent bien). Les prières de rue ne sont en fait qu'une manière d'imposer l'Islam comme religion dominante et elles participent à la guerre qu'une partie des fidèles du Prophète mènent contre l'état laïque. Cette tactique a réussi car les biens pensants appuient les revendications des extrémistes (Même la ligue pour la libre-pensée les approuve !)

Le pouvoir parle d'interdire les prières de rue à partir de cette semaine. S'il le fait, il délivrera un signal fort : la France refuse la Dhimmitude. Mais face à la prévisible levée de boucliers des islamo gauchistes ira-t-il vraiment jusqu'au bout ?

La proportionnelle est le pire des systèmes ! : 21.11.2017

Il est de bon ton de vanter la proportionnelle et même celle qui est intégrale sans effet de seuil. Pour ses thuriféraires (souvent de gauche !), elle serait le système le plus démocratique, celui où l'avis du « peuple » est le mieux pris en compte. Mais de nombreux contre-exemples montrent pourtant les dangers de ce type de scrutin.

En Allemagne, le parlement est atomisé et aucune majorité n'est possible, car les partis sont trop éloignés les uns les autres. Aux Pays-Bas près d'un an de tractations sordides ont été nécessaires avant de former péniblement un gouvernement regroupé sur le plus petit dénominateur commun. On peut, sans trop s'avancer, parier qu'il sera inefficace. Le record de durée des négociations avait été battu par la Belgique lors de la précédente législature. Les partis belges avaient discuté pendant deux ans avant de s'accorder, deux années, pendant lesquelles le pouvoir était aux mains d'un gouvernement démissionnaire, impuissant et battu par les urnes.

En Espagne, aucune majorité ne s'est dégagée malgré deux votes populaires. En désespoir de cause, Madrid s'est doté d'un gouvernement minoritaire qui doit négocier au coup par coup pour faire adopter le moindre projet de loi. Il est totalement impuissant.

En Islande l'instabilité parlementaire est à son comble. On essaye successivement toutes les combinaisons possibles sans qu'un gouvernement ait réellement les moyens de diriger ce petit pays.

En Israël, pour ne pas être renversés, les pouvoirs de droite ou de gauche s'allient systématiquement aux partis religieux. De ce fait, on n'a jamais mis en place le mariage civil, bien que la grande majorité d'Israéliens y soient favorables

Néanmoins, il existe des pays où la proportionnelle fonctionne plus ou moins. C'est le cas en particulier pour les nations où le nombre de partis ne dépasse pas trois, comme l'Eire, l'Autriche ou la République fédérale allemande des années soixante-dix. D'autres nations comme la Suisse, l'Irlande du Nord ou la Nouvelle-Calédonie saucissonnent le gouvernement et celui-ci est l'exact reflet de la composition de la chambre, ce qui évite les discussions entre partis. Mais cela n'exclut pas les tensions. La Nouvelle-Calédonie est en proie aux dissensions internes aux loyalistes et aux indépendantistes. L'Ulster n'a plus de gouvernement suite aux désaccords importants entre l'IRA et les unionistes protestants.

Avec la proportionnelle, l'électeur est dépossédé de son pouvoir de décision. Il vote pour un parti, car ses propositions lui plaisent, mais celles-ci ne sont pas nécessairement appliquées, même si le mouvement qui les a émises a gagné et de loin les élections. Une fois celles-ci passées, les marchandages, qui n'ont rien de démocratiques, commencent. On forme un tout insipide à partir de petits bouts de programmes et ce sont des politiciens, certes élus, mais dont la légitimité est faible qui décide à la place du « Peuple. »

Je préfère et de loin le système uninominal majoritaire. Celui du Royaume Uni a un tour, me paraît moins démocratique que le nôtre à deux tours, car, chez nous, au premier on élimine et au second on choisit.

Le nouveau Président propose d'introduire une dose de proportionnelle (25 %) mais quel serait l'intérêt de cette réforme ? Elle risque surtout de rendre plus difficile l'obtention d'une nécessaire majorité. Je n'apprécie pas M. Macron, mais il est légitime pour diriger la France. Il a exposé précisément son programme et il l'applique, puisqu'il a obtenu le plus grand nombre de suffrages. Rien ne me paraît plus démocratique.

En outre, l'introduction en France de la proportionnelle induirait l'émergence de députés islamistes (10% des sièges ?). Ils suivront la même tactique que les religieux Israéliens ; ils soutiendront le gouvernement quel qu'il soit, en échange du vote de lois spécifiques : soutien d'école privée coranique, loi sur le blasphème voire reconnaissance de la polygamie. Le nombre important de députés d'extrême droite (infréquentables !) rendra ces extrémistes musulmans incontournables.

Le souci de représenter toutes les sensibilités politiques sans en écarter aucune peut être respecté en modifiant le mode de scrutin du Sénat. L'actuel est vieillot, inadapté et antidémocratique. Pourquoi ne pas élire la seconde chambre le même jour que la première, à la proportionnelle sans effet de seuil ? Il suffirait de 0.4% des voix pour obtenir un sénateur. Modifions également la constitution, pour limiter le nombre d'aller et retours des lois entre les deux chambres et facilitons le travail des commissions d'enquête parlementaire en créant, pour ceux qu'elles interrogeraient, un délit de mensonge sévèrement puni. Au-delà du principe de la majorité (ceux qui ont obtenu le plus de voix décident) la démocratie se mesure à la facilité avec laquelle les scandales inhérents à toute société sont dénoncés, il convient donc de faciliter au maximum les commissions d'enquêtes.

Le mandat Français sur le Levant est à l'origine des crises au Liban et en Syrie : 22.11.2017

Aucun sentiment national ne réunit les différentes communautés, chrétienne, sunnite, chiites et Druze du Liban. Le désir d'indépendance et le rejet de la France les ont rapprochés dans les années 1930-1940, mais une fois la puissance coloniale partie, ce pays s'est déchiré, d'autant plus que les réfugiés Palestiniens ont accentué les problèmes sous-jacents. Le Liban est en crise ouverte depuis 1958. À cette époque les États-Unis sont intervenus pour un résultat incertain. Tout au plus, le débarquement des marines décidé par le Président Eisenhower a permis de geler les problèmes jusqu'à la terrible guerre civile qui a ravagé le Pays des Cèdres entre 1975 et 1991. Depuis un fragile équilibre s'est mis en place, mais le feu couve sous les cendres.

De même, la guerre de Syrie qui dure depuis 2010 possède une incontestable dimension religieuse. Elle n'est pas la seule, mais elle est primordiale. Le Hezbollah et l'Iran sont intervenus victorieusement aux côtés d'El Assad, car ce dernier est alaouite (et est donc assimilé aux chiites même cette affiliation peut se contester).

La France a une grande part de responsabilité dans ce naufrage sanglant, car à l'issue de la première future mondiale, nous avons obtenu de la SDN un mandat sur la Syrie et le Liban. (Avant le conflit, ces pays étaient des possessions ottomanes). Nous devions les organiser et les amener rapidement à l'indépendance. Si les chrétiens et les alaouites voyaient d'un bon œil notre intervention, il n'en était pas de même pour les autres musulmans. Ils préféraient constituer un royaume dirigé un prince hachémite Fayçal (Qui est un personnage central de l'épopée romancée racontée par T.E Lawrence dans son livre « *les 7 piliers de la sagesse* ») et nous avons dû mener une guerre sanglante pour conquérir Damas.

Depuis 1860, existait une zone à demi autonome qui regroupait l'ensemble des chrétiens maronites, « le petit Liban », et qui était sous protectorat français. Notre première sottise a été de vouloir adjoindre à cette région ethniquement uniforme des territoires à majorité sunnite, chiite ou Druze et de créer « le grand Liban » qui est une mosaïque de peuples. Cette bêtise a provoqué des dizaines de milliers de morts. Un petit état peuplé à 80 % de chrétiens aurait connu une grande stabilité interne et serait resté à l'écart des soubresauts de la région.

Dans un premier temps, nous avions découpé la région qui nous était confiée. Outre le grand Liban nous avons créé ex nihilo, une zone alaouite sur la côte méditerranéenne, un état dont la capitale était Alep, un autre centré autour de Damas et enfin une zone Druze. Hélas le général Gouraud à la fin de 1925 a commis l'irréparable en fusionnant 4 de ces proto-états en une république Syrienne. Seul le Liban est resté à l'écart. En 1937 la république du Hatay, (célèbre grâce à Indiana Jones) dont la capitale était l'antique Antioche a été séparée de la Syrie. Cette micro-nation a été rétrocédée en 1939 à la Turquie après un referendum truqué. Nous avons alors sacrifié les 30% des habitants du Hatay qui étaient arméniens (dont les ancêtres habitaient la région depuis l'époque des Croisades !) et nous les avons forcés à quitter en plein hiver 1939 leurs maisons pour se réfugier en Syrie à pied dans un froid glacial. Beaucoup d'exilés sont morts pendant cette déportation. En échange, nous avons obtenu que la Turquie ne fasse pas alliance avec le III Reich. Si elle avait rejoint l'Allemagne, elle serait sans doute intervenue dans le Caucase contre l'URSS et l'issue de la seconde guerre mondiale aurait probablement été différente.

Si regrouper les états d'Alep et de Damas était une bonne chose (En fait, on aurait dû aller plus loin et rétrocéder ces régions à Fayçal, devenu entre-temps roi d'Irak), si on pouvait à la limite comprendre l'annexion de la zone druze, l'absorption de la région Alaouite était une insanité. Ses habitants voulaient dans leur majorité rester Français et brandissaient notre drapeau dans toutes leurs manifestations.

Or la France a pris cette décision si désastreuse, car elle voulait à tout prix doter la Syrie d'un port puisque Antioche devait revenir à la Turquie. Certes, une nation enclavée, sans débouché maritime est gênée dans son développement économique, mais il y avait une autre solution pour éviter ce problème : conserver un état où les alaouites auraient été majoritaires et donner en échange à la Syrie Tripoli, ville entièrement sunnite et qui a été artificiellement rattachée au Grand Liban.

Si nous avions, entre 1920 et 1925, respecté le principe des nationalités et conçu des pays basés sur un sentiment communautaire, nous aurions sans doute sauvé la vie de 500 000 personnes au vingt et unième siècle. On peut espérer que les erreurs commises par la France n'entraîneront pas d'autres morts dans le futur, mais rien n'est moins sûr.

Le dossier explosif des retraites : 27.11.2017

Après avoir réformé aux forceps le marché du travail, M. Macron va s'attaquer au système des retraites. En 25 ans, au gré des multiples réformes, ce dernier est devenu moins généreux. L'âge où on cesse le travail s'est élevé progressivement pour se rapprocher de 65 ans, comme avant 1981. À cette époque les experts avaient prévenu M. Mitterrand : la retraite à 60 ans serait économiquement soutenable pendant une dizaine d'années, avant de devenir trop lourde pour nos finances. On ne les a pas écoutés et notre pays a vécu une longue et épuisante série de conflits sociaux, pour revenir à une situation proche de celle qui prévalait sous Giscard pour les employés du public. En revanche, les fonctionnaires ont été les grands perdants de ce réajustement. Alors qu'ils partaient en 1980 à 60 ans et à plein taux après seulement 37,5 années de cotisations, ils ont été alignés sur les conditions générales.

M. Macron propose un big-bang pour les retraites. Il veut unifier les multiples caisses (elles sont 30) et mettre en place un système à points qui serait le même pour tous. Pendant sa campagne, il prétendait que l'équilibre financier était atteint, mais hélas, le déficit des retraites est en fait de l'ordre de 0.1% à 0.2% du PIB (2 à 4 milliards). L'équilibre initialement prévu pour 2020 est reporté à 2037 si l'expansion est de 1.8% par an (hypothèse fort peu plausible) ou plutôt à 2070 si les conditions actuelles de croissance molle prévalent. Le pouvoir sera obligé de donner un nouveau tour de vis. Il pourra soit augmenter les cotisations (comme M. Hollande), mais cette mesure amputerait les salaires d'un montant équivalent à ce que va apporter la prochaine baisse des charges. (Ce qui est politiquement impensable !) Il pourrait aussi durcir l'âge minimal pour obtenir une retraite pleine, mais on a déjà atteint les limites de ce qu'on peut exiger d'un être humain. Il ne reste que la diminution du montant des pensions et le Pouvoir actionnera sans doute ce levier.

Cette mesure déplaisante adoptée, il restera à faire adopter la réforme. Le nouveau système ne changera rien pour la plupart des salariés (publics et privés), mais heurtera de front les régimes spéciaux (dont la SNCF). Or si on analyse les précédents conflits, ils n'ont été durs que lorsque les transports (SNCF ou routiers) étaient impliqués. Quand ceux-ci se tenaient à l'écart, les mouvements sociaux n'ont rien obtenu. En revanche, grâce à de longues grèves, les syndicats de la SNCF ont toujours maintenu un régime qui leur était favorable. Seule l'apparence a changé. Quand on a augmenté sensiblement les cotisations des cheminots pour les faire soi-disant rentrer dans le moule commun, leurs rémunérations ont été majorées d'autant et le coût a été nul pour eux.

Fidèle à sa volonté réformatrice, M. Macron attaquera-t-il de front les régimes spéciaux, quitte à déclencher un conflit violent et interminable. Ou se couchera-t-il comme ses prédécesseurs ?

Hébergeons les mineurs étrangers isolés dans leurs pays : 28.11.2017

Selon M. Bussereau, le président de l'assemblée des départements, il y a 23000 mineurs étrangers en France (ce chiffre a augmenté de 40%, voire plus, en un an) et ils coûtent 1 milliard d'euros aux finances publiques. Cette somme est affolante et cette charge va devenir insupportable, surtout si la hausse des effectifs se poursuit en 2018 au même rythme qu'en 2017. La fraude est importante, car, comme les mineurs non accompagnés sont logés, nourris, éduqués et reçoivent à 18 ans un titre de séjour leur permettant d'entamer des études, des majeurs se rajeunissent de 4 à 5 ans et prétendent avoir perdu leurs papiers ; en Allemagne, certains évaluent à 43% le nombre de « faux » mineurs isolés. (Cela me paraît beaucoup). En France, nos services sociaux estiment que leur enquête d'évaluation, consistant à demander au candidat de décrire en détail sa scolarité et son voyage, découragerait la fraude et que sur 100 dossiers ils ne feraient que 10 à 15 erreurs (Faire mieux est sans doute impossible). Aucun examen médical ne permet de déterminer à coup sûr l'âge d'un humain. Les tests osseux du poignet restent approximatifs et sont décriés par les organisations pro-migrants, aussi peu de départements y ont recours.

Les passeurs ont compris le système. Pour 9000 € tout compris, ils prennent en charge un jeune en Afrique et l'amènent devant un centre d'accueil. Le mineur peut même choisir le département où il vivra ! Mais tout le monde n'a pas cet argent (qui, vu la différence de niveau de vie, équivaut à 90 000 € en France). Aussi la plupart des postulants entreprennent le long et dangereux voyage sans le soutien d'une organisation expérimentée, mais ils sont extrêmement motivés. Un jeune malien a expliqué benoîtement qu'il était venu chez nous, car son pays l'empêchait de continuer jusqu'au bac. Il est donc arrivé en France pour entreprendre à nos frais des études supérieures. Sa démarche se comprend tout à fait et peut-être, (sans doute ?) que j'aurais suivi son exemple, si j'avais été à sa place. Cependant plus d'un demi-milliard de jeunes dans le monde n'iront pas à l'université. Si on suit le raisonnement du jeune malien, ils devraient pouvoir tous venir chez nous sans aucune exclusive. Poussons même le raisonnement « humanitaire » jusqu'au bout. Entrer en France est périlleux et nombre de migrants meurent noyés ou risquent d'être vendus comme esclaves en Lybie. Pour les « pro migrants » qui estiment que nous devons accueillir tous les réfugiés, quels qu'ils soient, cette situation est moralement intolérable. Ils devraient exiger que soient organisé des ponts aériens depuis les pays d'origine : ceux qui souhaitent émigrer en France, s'inscriront au consulat et on leur donnera rapidement un billet d'avion. C'est la seule position éthique et logique que devrait prendre un « pro migrant » (les autres sont hypocrites), mais, bien entendu, elle est totalement absurde.

Que faire concrètement ? Sauf à être inhumain, on ne peut se désintéresser du sort des mineurs isolés et les renvoyer à la rue. Mais pourquoi les garder en France ? D'abord de quel droit la France séquestre-t-elle chez elle des ressortissants mineurs d'autres états ? À mon sens, il s'agit d'une violation grave des lois internationales, car nous devrions en principe les remettre aux autorités de leur nation, surtout si elles sont légitimes. Faisons-le systématiquement lorsque la sécurité des jeunes sera assurée dans leur pays d'origine. (Je pense au Maroc, à la Tunisie, à l'Algérie, au Mali, au Sénégal, etc.). Bien entendu, un soudanais, un érythréen ou un éthiopien restera chez nous, mais 4/5 des mineurs seraient rapatriés. Il est hors de question de les abandonner. Nous superviserons et financerons des foyers où ils vivront jusqu'à leur majorité. Nous pourrons même leur octroyer des bourses pour leurs études supérieures (chez eux). Au vu de la différence de niveau de vie, le coût de revient sera divisé par 10 et redeviendra soutenable pour nos finances

La situation actuelle est intenable sur les plans économique et éthique, elle est profondément perverse ; si nous ne faisons rien, nous connaîtrons une explosion raciste de grande envergure. Je suis effrayé par les commentaires que j'entends ici ou là. On peut bien sûr ignorer et fustiger ces électeurs tentés par les extrêmes en les traitant de salauds, mais ils voteront sans qu'aucune considération morale ne les arrêtera. L'irruption de l'AFD au Bundestag en Allemagne (qui est plus raciste que le FN) devrait servir d'avertissement aux bien-pensants français. Il ne sert à rien de faire l'Autruche.

M. Blanquer énerve les syndicats : 29.11.2017

Le ministre de l'éducation nationale est populaire et ses projets de réforme sont bien perçus par l'opinion. Cela n'est pas étonnant, car, selon tous les sondages effectués depuis 30 ans, les Français privilégient les anciennes méthodes d'enseignement et rejettent les nouvelles. Les tenants du « pédagogisme » ricanaient devant les avis de ces « ploucs » et les ignoraient. Aussi, Mme Belkacem (comme ses prédécesseurs) était fondée à penser que sa politique était la bonne, car tout le monde autour d'elle la soutenait, notamment les syndicats de « gauche » qui recueillent 80% des voix des enseignants. Pourtant, ces derniers étaient dans leur grande majorité violemment hostiles au « pédagogisme », mais ils votaient pour le SE, le Sni, la CFDT ou pour sud éducation, par conformisme, par confort intellectuel ou par refus d'apporter son suffrage à des organisations « dissidentes » comme le SNALC, perçu (à tort) comme d'extrême droite. De même, les directions des organisations de parents d'élèves (mais pas leurs adhérents loin de là) étaient sur la même longueur d'onde. Les inspecteurs généraux et régionaux, choisis par cooptation, étaient également des chauds partisans des méthodes nouvelles. Quelques opportunistes ont même, pour entrer dans ces corps prestigieux, changé d'avis un an ou deux et adhéré aux théories bien-pensantes afin d'améliorer leurs chances d'être désignés. Enfin tous les comités (pour les programmes ou autre) étaient tous aux mains des « pédagogiques ». Mme Belkacem était de ce fait persuadée de détenir la VERITE unique et incontournable.

M. Blanquer a eu l'immense habilité d'utiliser un biais pour justifier le virage à 180 degrés qu'il compte imprimer à l'éducation nationale. Au lieu d'annoncer un retour aux méthodes anciennes (Ce qui aurait donné des armes à ses adversaires, car ils l'auraient traité de réactionnaire borné), il prétend s'appuyer sur les neurosciences. Or les conclusions de celles-ci sont le plus souvent hostiles aux pratiques « pédagogiques ». Par exemple en lecture, elles recommandent d'abandonner les méthodes globales et mixtes pour revenir au BABA et au déchiffrage (comme en 1950). Du coup les syndicats et les organisations « pédagogiques » progressistes sont embarrassés (Qui peut s'opposer à la science ?). Ils s'en sont réduits à suggérer de ne pas oublier les études et les expérimentations « sociales » (les seuls qu'on utilisait jusqu'à présent), mais leurs communiqués manquent de conviction et ressemblent à un baroud d'honneur.

Et si M. Blanquer allait jusqu'au bout de sa logique et faisait une réforme symbolique (mais signifiante comme on dit dans le jargon « pédagogiste ») ? Pourquoi ne changerait-il pas l'intitulé de son ministère et n'abandonnerait-il « éducation nationale » pour « instruction publique » comme avant 1932 ? Les communistes, les nazis et autres totalitaires éduquent les jeunes pour leur inculquer leurs « valeurs », mais les démocraties devraient se contenter de transmettre un savoir.

La natalité clé de la croissance ? : 03.12.2017

Lors d'un débat organisé à Paris Dauphine, le banquier Philippe Oddo a affirmé que la clé d'une croissance réelle et solide de l'Europe passe par une reprise de la natalité. Or celle-ci est actuellement en pleine déroute dans l'UE. Elle n'est plus en moyenne que 1,58 enfant par femme en âge de procréer. Elle descend même à 1,44 en Allemagne, à 1,43 en Italie, à moins de 1,35 en Bulgarie, en Pologne, en Roumanie et en Slovénie. Seules l'Irlande (1,99) et la France (2.08) sont proches du taux de renouvellement, celui qui permet à une population de rester au même niveau si on écarte l'immigration et l'émigration.

Notre continent qui, depuis des siècles, était en tête pour la densité de population, va se vider de sa population. Par exemple, L'Allemagne est attendue à 65 millions d'habitants en 2050 au lieu de 85 millions actuellement. Plus exactement, il y aura remplacement « des « Autochtones » par de nouveaux arrivés venus principalement d'Afrique, de Turquie ou d'Afghanistan. Un démographe américain prévoie que la France aura en 2050, 18% de musulmans (contre 8% en 2017). Cette forte croissance attendue s'explique par une immigration continue et une fécondité supérieure chez les fidèles du Prophète. En effet, notre taux de natalité de 2,08 n'est pas celui des « Français de souche ». Il doit se situer à 1,5, mais les statistiques ethniques sont interdites en France.

La natalité serait corrélée avec la croissance économique. Exemple le plus frappant, le Japon est englué depuis 25 ans dans une quasi-stagnation du PIB, son taux de natalité n'est que 1,33 et il refuse toute immigration. De même l'Italie ou la Grèce suivent le même schéma et dans ces pays, les jeunes diplômés émigrent en masse, car ils ne trouvent pas de travail chez eux. À contrario, nous qui sommes les champions européens du nombre de bébés, avons une croissance médiocre alors que les nations de l'Est (dont l'exemple le plus typique est la Pologne), la Finlande ou l'Espagne ont une natalité similaire à celle de la botte italienne, mais connaissent des taux de croissance souvent supérieurs à 2,5%. Dans ces cas, un phénomène de rattrapage joue certainement. Avoir des enfants stimule les dépenses (logements, écoles) et la consommation des ménages. Lorsque les femmes font moins de 1,5 enfant, l'un des moteurs de la croissance est grippé, mais d'autres aussi importants peuvent compenser.

Une politique nataliste est donc sensée d'un point de vue économique et chaque euro donné aux familles est utilisé à 100%. Il ne s'agit pas bien sûr de vouloir dépasser le simple renouvellement, mais de s'en approcher pour maintenir l'équilibre. Mais méfions-nous : les bien-pensants tout à leur écologie de pacotille veulent pour sauver soi-disant la planète de réduire drastiquement les naissances, mais celle des bébés blancs, considérés comme de futurs colons et de futurs racistes.

Passe d'armes entre MM. Woerth et Lemaire sur l'IFI : 17.12.2017

L'IFI, l'impôt qui remplace l'ISF et taxe uniquement les biens immobiliers a été adopté en seconde lecture à l'assemblée nationale. En France, les lois sont votées par les 2 chambres, mais si le Sénat rejette un texte, on réunit une commission mixte chargée de rédiger un compromis. Si les désaccords persistent, on vote à nouveau. En cas de deuxième refus du Sénat, l'assemblée organise un troisième scrutin qui est décisif. La chambre haute a de ce fait un rôle secondaire, surtout lorsqu'elle est dominée par l'opposition comme c'est le cas actuellement. Ces navettes alourdissent le travail parlementaire et M. Macron voudrait supprimer le second vote du Sénat ce dernier, qui doit approuver toutes les révisions constitutionnelles qui le concernent s'opposera sans doute à tout amoindrissement de son rôle. Dans beaucoup de pays, il n'y a pas de chambre haute. Dans d'autres elle existe, mais elle est comme en France dépourvue de pouvoirs réels, sauf en manière constitutionnelle. Dans quelques rares états, les lois doivent être adoptées par les deux chambres, mais le Sénat est dans ce cas toujours choisi directement par le peuple et non par un scrutin indirect comme en France.

Lors de ce second passage de l'IFI, il y a eu une violente passe d'armes entre MM. Woerth et Lemaire. Le premier a reproché au second d'avoir en fait alourdi l'impôt sur le capital qui pèse sur l'immobilier. En effet, un certain nombre de déductions ont été supprimées dans le nouveau dispositif. Par exemple, la taxe d'habitation ne sera plus considérée comme une charge (la taxe foncière gardera ce statut). Plus important, l'état s'est attaqué aux prêts in fine. Dans ce type de montage jusqu'alors très populaire, on emprunte le prix total de l'achat, mais on le rembourse in fine (à la fin) lorsqu'on revend le bien. Les loyers perçus étant supérieurs aux intérêts, le propriétaire gagnait de l'argent sorti de nulle part, ne payait pas d'impôt sur la fortune, puisqu'il déduisait le montant de l'emprunt de la valeur du bien et souvent encaissait une belle plus-value à la fin. Désormais, dans le cas d'un prêt in fine, on fera comme si ce dernier était remboursé au fur et à mesure. La rentabilité de ce type d'opération sera fortement impactée (voire deviendra nulle ou négative). On n'y aura plus recours. De même, tous les montages financiers trop favorables aux propriétaires seront impactés. Par exemple, si on vend son appartement principal à une S.C.I familiale dont on détient l'essentiel des parts, on ne pourra plus déduire l'emprunt que faisait la S.C.I pour payer son achat. Pour le commun des mortels, ces opérations semblent exotiques, mais elles étaient jusqu'alors monnaie courante dans les milieux aisés et se révélaient être d'excellentes façons d'échapper à l'impôt sur la fortune, même si elles n'étaient pas éthiques. M. Macron l'a dit et répété. Il veut détourner les investissements de l'immobilier pour les recentrer sur l'économie «productive» (actions, obligations). Il est donc cohérent avec lui-même avec sa réforme de l'ISF

Le pouvoir hésite à raboter le smig : 19.12.2017

M. Macron souhaite booster le pouvoir d'achat des travailleurs en redistribuant des sommes qu'il a préalablement volés aux retraités. Il prétend ainsi donner un véritable treizième mois, mais en fait les ouvriers gagneront en moyenne 500 à 600 euros de salaires en plus. Ils bénéficieront également du dégrèvement de la taxe d'habitation (600 € en moyenne de baisse sur 3 ans). Cependant, les taxes, hypocritement baptisées écologiques, augmenteront en moyenne de 550 € par foyer (avec la hausse des prix des carburants, du gaz, de l'électricité et du fuel). Pour finir le gain de revenus d'un ouvrier sera faible et diminuera à mesure que les prélèvements sur l'énergie se feront plus lourds.

Mais une grave menace pèse sur le SMIG : jusque-là il était revalorisé régulièrement en tenant compte de deux critères. D'une part, on compense intégralement l'inflation et, d'autre part, on donne systématiquement la moitié du montant de l'augmentation du salaire moyen. S'y rajoutent parfois « des coups de pouce » à l'entière discrétion du pouvoir. (MM. Jospin et Mitterrand ont usé de ce privilège.)

Une partie du patronat souhaite que le SMIG ne suive plus la hausse du salaire moyen. Le gouvernement affirme refuser cette évolution, mais on le sent hésitant : en fait, il tâte le terrain et voit quelles réactions, il provoquerait s'il adoptait cette mesure. On invoque pour justifier ce tour de vis un manque de compétitivité de notre économie, qui serait grevée par le taux trop élevé du SMIG. Si on suivait ces experts, le salaire de base ne serait plus revalorisé que pour compenser l'inflation, et donc au fil des années, il décrocherait des autres rémunérations, car le pouvoir d'achat des Français ne cesse d'augmenter d'une manière régulière. En outre, le taux d'inflation mesuré par l'INSEE est pour des raisons techniques en dessous de la vraie augmentation du coût de la vie. Les titulaires des bas salaires s'appauvriraient donc rapidement si la réforme était mise en place.

Si le montant du SMIG en France est l'un des plus élevés d'Europe, l'employeur ne paye que très peu de charges sur les bas salaires et pour finir un smigard Français ne revient pas plus cher qu'un smigard de l'Europe orientale (17 € l'heure chez nous contre 16,5 € pour un Polonais). Enfin, des pays qui sont parmi les plus prospères de notre continent (Suisse, Luxembourg) ont des salaires de bases bien plus élevés que le nôtre sans que leur économie (en plein boom) n'en soit affectée. L'offensive des milieux économiques n'est absolument pas justifiée. D'autant plus que s'attaquer au SMIG, et réduire son montant serait une catastrophe sociale. Il n'aurait plus aucune différence entre ceux qui vivent des minima sociaux et ceux qui font l'effort de prendre un travail. Au contraire, il faut récompenser ceux qui se lèvent le matin et faire en sorte que leurs revenus ne cessent de croire afin que le travail devienne de plus en plus intéressant par rapport aux allocations de base.

Va-t-on sanctionner les chômeurs qui ne respectent pas les règles ? : 27.12.2017

Grand émoi dans les syndicats et les partis de gauche : selon le Canard Enchaîné, le pouvoir envisagerait de sanctionner les chômeurs qui ne joueraient pas le jeu. Celui qui refuse une formation ou 2 offres d'emploi « raisonnables » ou ne fournit pas assez d'efforts pour retrouver un poste verrait ses allocations baisser de 20% pendant une période de 2 mois à 6 mois. Cette punition passerait à 50% en cas de récidive. En outre, les demandeurs d'emploi devraient fournir mensuellement un compte rendu écrit de leurs recherches Mais ces annonces semblent plus une posture destinée à séduire l'électorat LR qu'à un réel durcissement. Car les sanctions actuelles sont en fait bien plus sévères. Les chômeurs récalcitrants risquent la radiation pendant 2 mois ! Cependant ces punitions ne sont que très rarement appliquées. Elles le sont surtout si un allocataire ne se présente pas à un entretien obligatoire avec son conseiller. Punir réellement au portefeuille les chômeurs qui ne respectent pas les règles serait une nouveauté. M. Macron avait annoncé cette politique restrictive lors de sa campagne. Qu'il ne s'asseye pas sur son programme électoral, comme bien d'autres avant lui est la moindre des choses. Cependant, ces éventuelles sanctions ne sont que des propositions destinées à être débattues et éventuellement adoptées par les partenaires sociaux. On verra ce qu'il en reste dans 3 mois. Annoncer des mesures présentées faussement dans la presse comme drastiques et renoncer à elles après négociations est une manière élégante de renier ses promesses impossibles à tenir. Par exemple, l'idée du pouvoir de taxer sévèrement les CDD pour financer le chômage, émise il y a 2 mois et destinée à faire croire que le gouvernement était bien de gauche semble abandonnée, car le MEDEF s'y oppose. M. Macron est l'empereur de l'apparence. Son discours est différent de la réalité de sa politique.

Pourtant cette réforme serait nécessaire. Certes, selon une étude de Pôle emploi, 86% des chômeurs jouent le jeu et sont avant des victimes à protéger, mais 14% d'entre eux ont un comportement de « parasites ». Nous connaissons tous des personnes qui ne travaillent en intérim que le nombre de jours nécessaires pour « recharger » leurs droits. 8% des allocations versées par l'Unedic ne servent pas à indemniser « les vrais chômeurs » mais jouent le rôle du fameux revenu universel cher à M. Hamon. On peut trouver ce « détournement » moralement justifié, mais il se fait au détriment de personnes « fragiles ». À mon avis, elles auraient plus besoin de ces sommes que ceux (très minoritaires) qui reçoivent de cette manière un revenu faible (mais supérieur au RSA) en fournissant le minimum de contreparties. Si on mettait fin à ces « dérives », on pourrait augmenter les allocations, prolonger pour ceux qui le méritent la durée d'indemnisation, voire accueillir certains démissionnaires et les indépendants. (après avoir mis en place des garde-fous pour éviter les abus)

2018

Faut-il s'indigner que des ministres s'enrichissent avec la réforme de l'ISF ? : 04.01.2018

Tout dépositaire de l'autorité publique qui obtient un intérêt dans une opération dont il assure la surveillance, commet une prise illégale d'intérêts. Il risque 5 ans de prison et de 75 000 € d'amende. Un ministre ou un parlementaire dont l'action fait baisser un impôt se rend en droit strict coupable d'un tel délit, d'autant plus qu'il est de tradition que lors du vote d'une subvention en faveur d'une association, les membres de celle-ci ne participent pas au scrutin. Mais jamais aucune poursuite n'a été engagée sur ce thème, car l'adoption d'un budget deviendrait impossible et seules les hausses des prélèvements seraient légales.

Néanmoins, on peut (moralement) tiquer devant les gains réalisés par quelques membres du gouvernement suite à la réforme de l'ISF. La plus grande bénéficiaire sera la ministre du Travail, Mme Pénicaud. Elle possède 7,7 millions de biens dont 1,8 d'immobilier. Elle ne sera plus taxée que sur ses 2 maisons et elle paiera en 2018 62 000 € de moins qu'en 2017, soit 3,5 années de revenus d'un smicard selon la comparaison démagogique de M. Corbières. M. Hulot gagnera lui 8 500 € et Mme Nyssen 3 000 €. Mme Pénicaud minimise le montant de la ristourne obtenue et pour éviter la polémique, affirme qu'elle va investir la somme économisée dans un fond qui soutient l'économie sociale et solidaire. Ce placement sera peut-être éthique, mais l'argent ne sera pas dépensé à perte, et elle récupéra sa mise avec sans doute des bénéfices. (Sinon les gestionnaires du fond sont nuls). De plus, elle affirme soutenir avec son argent personnel de jeunes artistes, ce dont on ne peut que la féliciter.

Que penser de tout ceci ? Pour ma part, je trouve ces reproches d'enrichissement personnel un peu malsains et populistes. La réponse de Mme Pénicaud obligée de préciser ses dépenses sociales me met fortement mal à l'aise. Doit-on toujours culpabiliser les riches ? L'essentiel est que tout soit déclaré et public, que rien ne soit occulte ou trouble (comme le salaire de Mme Fillon). Ensuite ceux qui sont visés par ces reproches, occupaient dans le « civil » des fonctions importantes dans des sociétés. Ils percevaient souvent des revenus conséquents. Par exemple, Mme Pénicaud gagnait 4 fois plus en 2016 tout en ayant moins de travail. Quelques ministres (pas la majorité, mais une forte minorité) ont fait preuve d'une forme « d'abnégation » en acceptant leur fonction. On peut bien sûr s'indigner et trouver injustifiés leurs anciens salaires.

Être ministre n'apporte guère d'avantages une fois qu'on a été éjecté du gouvernement. Quelques membres du cabinet précédent sont chômeurs et ont un revenu à peine supérieur au smig. L'un prétend même qu'il est prêt à accepter n'importe quel poste et même à vendre des pizzas. On verra si ce sont des paroles en l'air.

Pour revenir à Mme Pénicaud, rassurons-nous : lorsqu'elle ne sera plus ministre, elle ne sera pas obligée de devenir pizzaiolo !

On va vite regretter APB : 14.01.2018

Le pouvoir toujours prompt à s'auto-congratuler prétend que la formule Parcoursup (qui remplace APB) est géniale et qu'elle permettra une répartition harmonieuse des bacheliers. Espérons-le, mais je pense plutôt qu'on court au-devant un accident industriel de grande ampleur qui fera regretter les petits (et peu graves !) dysfonctionnements d'APB.

Dans l'ancien système, 25% des formations étaient sélectives et les établissements qui les dispensaient classaient les postulants ; ceux-ci faisaient de même avec leurs vœux. Un algorithme qui fonctionnait bien permettait de faire coïncider les deux. S'il était pris, un étudiant devait accepter le premier vœu qu'il avait émis et dans lequel il n'avait pas été définitivement refusé. S'il n'était pas refusé dans des filières qu'il préférait, mais classé en liste d'attente il avait le droit d'accepter provisoirement le vœu qu'on lui présentait et d'attendre les tours suivants où peut-être une place se dégagerait pour lui. Pour éviter que les formations non sélectives n'aient un trop grand nombre d'inscrits, on imposait des critères géographiques. Pour quelques filières (STAPS, droit) on départageait les postulants par un stupide tirage sort mais cela ne concernait que moins de 2% des étudiants. Il aurait suffi que les formations dites en tension instaurent non une sélection, mais des prérequis pour rétablir l'équilibre et la justice.

Avec Parcoursup, les universités étudieront les dossiers et délivreront une des 3 mentions suivantes : « oui », « oui si » (Impliquant une nébuleuse remise à niveau souvent par internet !) et enfin « en attente ». (= non !). Les 200 000 étudiants qui ont moins de 10 de moyenne au lycée, ceux qui passent un bac technique ou professionnel, risquent de se trouver partout en attente (donc refusés). En théorie, le rectorat leur donnera une affectation, mais les universités risquent de se défiler et pour finir ce n'est pas 10 000 étudiants qui se trouveront en souffrance mais 50 000 ! En outre comme il n'y a plus de classements par les établissements et les élèves (à rebours de ce qui se fait partout en Europe), les meilleurs des étudiants recevront une dizaine de oui, occupant indûment des places où ils n'iront pas. Des mécanismes ont certes été prévus pour remédier à ce problème, mais fonctionneront-ils ? À la fin d'une procédure chaotique on risque de se retrouver avec des formations qui ne feront pas le plein et des étudiants sans affectation.

Imposer des prérequis pour entrer dans une université et proposer une éventuelle remise à niveau est sensé. Cela aurait dû être mis en place depuis longtemps, mais au vu de leurs attendus, les universités sont trop exigeantes. Elles écarteront (peut-être) ceux qui n'avaient aucune chance, mais également beaucoup d'étudiants qui jusqu'alors avaient une chance sur 2 de réussir. Est-ce le but ? Et surtout, il faut rétablir d'urgence dès la première phase les classements des vœux et des candidats pour éviter une catastrophe de grande ampleur.

Malgré ses promesses, M. Macron a créé une taxe par mois : 21.01.2018

La rupture avec « l'ancien monde » promise par M. Macron est en fait cosmétique et son gouvernement a instauré 8 nouvelles taxes en 8 mois. Il a suivi l'exemple de ses prédécesseurs, mais sans égaler M. Hollande qui avait inventé 28 impôts sur le même laps de temps. « La France est un pays extrêmement fertile : on y plante des fonctionnaires et il y pousse des impôts » disait déjà Georges Clémenceau. Un siècle plus tard, la situation n'a pas changé d'un iota, malgré les mensonges de M. Lemaire. (Il a eu le toupet de prétendre ce dimanche sur BFM que le pouvoir n'inventera aucun nouveau prélèvement alors qu'il vient d'en créer 8). Mais M. Macron a l'art de pratiquer une politique en total désaccord avec ses déclarations (cf. l'immigration)

À la place de l'ISF, le pouvoir a instauré l'IFI, avec un montant alourdi sur l'immobilier du fait de la réduction des déductions permises et de la prise en compte défavorable pour les contribuables des emprunts in fine. Il s'agit donc bien d'un nouveau prélèvement. Ensuite l'État a élaboré en catastrophe 2 contributions exceptionnelles sur l'impôt sur les sociétés des très grandes entreprises. Il fallait combler en catastrophe le trou causé par la censure de la taxe sur les dividendes, impôt que M. Hollande savait illégal dès sa conception, mais qu'il avait sans vergogne instauré pour récupérer 10 milliards et éviter d'être sanctionné par Bruxelles.

Outre ces impôts qui rapportent beaucoup, le pouvoir a instauré 5 petites contributions et son imagination est sans bornes. Il a créé ainsi une taxe sur le tabac, 2 sur l'exploration d'hydrocarbures (en supprimant les nouveaux permis), une sur les gîtes géothermiques (pourtant un mode soi-disant « écologique » de production d'énergie, mais le gouvernement n'est pas à une contradiction près), une sur les plus-values de ventes des logements HLM (Rendant donc moins intéressante cette cession pour les organismes sociaux, ce qui aura pour conséquence une chute du volume des transactions. Or ces biens sont cédés en priorité à des prix bas à des populations aux revenus modestes et cette mesure est donc antisociale et choquante). Enfin, on taxera le développement des industries papetières (cela impactera leur expansion en France et induira des transferts d'emploi hors de notre pays. Les fabriques de papier sont polluantes, mais au nom de l'écologie, l'Hexagone doit-il devenir un désert industriel ?) N'ont été supprimés en face que l'ISF et les taxes sur les dividendes (Dans ce dernier cas, le gouvernement n'y a renoncé que contraint et forcé).

La tactique est la même depuis 100 ans. On crée des taxes sectorielles qui ne concernent que peu de monde, d'où l'absence de réactions virulentes. Le montant recueilli est faible, mais les petits ruisseaux font les grandes rivières. On peut quand même s'interroger sur l'utilité de ces micro-taxes qui perturbent tous les secteurs de l'économie sans rapporter beaucoup. Ne conviendrait-il pas de les supprimer pour libérer la croissance ?

En Allemagne, on légalise la polygamie pour le « bien » des enfants : 27.01.2018

En Allemagne, la polygamie est, comme chez nous, officiellement interdite, mais 2 réfugiés syriens viennent de réussir à faire venir leur seconde femme. Ils ont d'abord émigré avec leur première épouse et tous leurs enfants, y compris ceux du second foyer. Que ces derniers soient privés de leur maman a semblé intolérable aux yeux des services sociaux et pour leur « bien » la deuxième épouse a obtenu à son tour le droit de s'installer en Allemagne. Comme dans une affaire similaire qui s'est déroulée l'année dernière, les 2 familles devront sans doute vivre séparément. Peut-être imposera-t-on une distance géographique d'une cinquantaine de kilomètres entre les 2 domiciles. Mais il n'y aura pas vraiment d'obstacle à la poursuite de la vie polygame et les allocations familiales seront versées au père. Trouvera-t-il du travail ou se contentera-t-il des aides sociales ? Celles-ci ne seront pas nécessairement élevées, mais elles lui permettront de vivre modestement et le papa se partagera équitablement entre ses 2 foyers comme le lui prescrit le Coran.

Nous avons connu une situation similaire en France, il y a 30 ans. Un juge a alors estimé que si la polygamie était pratiquée dans le pays d'origine d'un réfugié, elle devenait légale en France, puisqu'un être humain a droit à une vie « normale » et

« semblable » à celle qu'il menait avant d'immigrer. Son arrêt a créé une jurisprudence qui s'est imposée à l'État. Pendant 10 ans, nous avons donc introduit le plus légalement possible des secondes (voire des troisièmes ou quatrièmes) épouses. Le parlement a fini par prendre une loi pour interdire cette pratique. Néanmoins, cette interdiction apparente de la polygamie est facile à contourner. Si en principe les ascendants ne sont pas concernés par le regroupement familial (et donc l'argument utilisé en Allemagne ne peut pas s'appliquer chez nous), les parents ont le droit de venir comme visiteur (pour 3 mois). Ensuite, les prétextes pour rester sont nombreux (maladie...) et, quitte à passer par une période d'illégalité, les clandestins finissent toujours par être régularisés. Le moyen le plus efficace pour une seconde épouse est d'accoucher chez nous (si elle le peut) surtout si son mari est naturalisé, car les parents d'enfants français sont inexpulsables en droit. Et Même si l'époux n'a pas encore obtenu sa naturalisation, un bébé né sur notre sol empêche dans les faits le renvoi au pays de ses parents. Ensuite, les Hlm sont fort compréhensifs. Souvent ils louent aux familles polygames des appartements voisins (toujours au nom de l'intérêt supérieur de l'enfant).

En Occident, nous nous gargarisons d'être fermes et d'imposer notre législation aux nouveaux venus. Mais dans la réalité, nous nous plions aux lois et coutumes des pays d'origine des migrants. Nous trouvons toujours un biais prétendument humanitaire pour violer notre propre jurisprudence avec la meilleure conscience du monde au risque de faire exploser l'équilibre délicat de notre société.

L'université « ça eut payé » : 28.01.2018

Parcoursup vient d'ouvrir et les lycéens qui sont en terminale réfléchissent pour remplir leurs vœux. Ils espèrent tous faire des études qui leur plaisent et qui débouchent sur un métier valorisant leur permettant de bien gagner leur vie. Or selon un sondage paru dans le journal « le monde » 25% des titulaires d'un master2 estiment que leur diplôme ne leur est d'aucune utilité pour trouver du travail. À quoi bon suivre des études universitaires alors ? En fait les chiffres sont d'une cruauté inouïe. Dans une génération, 10% ont un DEUG, une licence ou une maîtrise, 15 % un BTS, DUT ou un autre bac+2, 17% l'équivalent d'un master 2 (grandes écoles comprises) et 1% sont docteurs. 53 % ont un niveau inférieur au baccalauréat. (16% n'ont pas le BEPC).

Le chômage frappe durement les non ou peu diplômés. Si on s'intéresse aux moins de 29 ans, le taux de sans-emploi décroît avec le niveau : il est de 38 % pour ceux qui n'ont ni cap ni BEPC, de 28% pour les titulaires d'un CAP ou le brevet, de 20% pour ceux qui se sont arrêtés au bac (général ou professionnel) alors que les bacs+2 et les bacs+5 connaissent le même taux de chômage (10%). Mais tous les parchemins ne se valent pas et les rémunérations obtenues sont disparates.

Pour les bacs +5, la moyenne est de 30 000 € brut par an, mais celle-ci est tirée vers le haut par les écoles d'ingénieurs et de commerces (32 000 €) sachant qu'en général ceux qui sont passés par des classes préparatoires arrivent à 34 000 € ou 35 000 €. Certains masters2 tirent leur épingle du jeu : gestion, ressources humaines, sciences fondamentales, fonctions commerciales et marketing obtiennent entre 30 000 € et 31 000 € euros. Le droit et l'économie sont à 27 000 €. Ensuite, la chute est vertigineuse : la santé est à 24 000 € (hors médecin) et les langues vivantes à 22000 €. Et le pire est atteint avec les lettres, arts et sciences humaines autour de 20 000 € seulement. Être un crack en latin, avoir un bac+5 et ne gagner que 1400 € net par mois, à peine plus que le smic est un crève-cœur que connaissent nombre de jeunes.

En outre, les inégalités ne s'arrêtent pas aux salaires. Les diplômes les moins cotés ne décrochent le plus souvent que des CDD précaires alors que la grande majorité de ceux qui sortent des grandes écoles ont des CDI. Le temps pour décrocher un emploi relativement stable n'est pas non plus le même : entre trois mois et trois ans. Ne rien trouver pendant plusieurs années est le lot de certains bacs+5.

En fait quelques formations ne servent qu'à donner du travail à ceux qui les enseignent et n'ont absolument aucun débouché concret. Néanmoins quand un jeune est embauché, son diplôme n'est jamais compatible à 100% avec son travail. Il doit se former aux spécificités de son emploi et aux attentes de son patron. Parfois même un poste n'a aucun rapport avec la formation initiale de celui qui l'occupe. C'est le cas par exemple de l'audit pour lequel on embauche des jeunes ingénieurs d'écoles spécialisées qui n'ont aucune notion d'économie et de gestion d'entreprises. Un employeur prend le risque d'embaucher un novice complet s'il pense que celui-ci a l'esprit souple et acquerra rapidement les notions de base de son futur travail. Au-delà des connaissances acquises, une formation universitaire bien conduite forme l'esprit de ses postulants et leur permet d'apprendre par la suite n'importe quoi. Chez nous les employeurs se tournent en priorité vers les étudiants des grandes écoles (surtout issus des classes préparatoires) ou vers les docteurs (mais ceux-ci sont peu nombreux 7000 par an). Un étudiant titulaire d'un master2 de gestion de patrimoine sera malgré sa valeur intrinsèque, boudé par les patrons. Dans d'autres pays comme en Grande Bretagne, où les grandes écoles n'existent pas, des diplômes qui en France sont méprisés (comme des maîtrises d'histoire) permettent d'occuper des emplois à responsabilités. Néanmoins dans ce pays les relations et les connaissances (qui dépendent souvent de l'origine sociale) sont primordiales et des diplômés sans carnet d'adresse suffisant restent souvent sur le carreau. On retrouve ce mode de recrutement par cooptation social dans notre pays, mais à une moindre échelle, car la méritocratie n'est pas encore chez nous entièrement abolie.

Voilà pourquoi des masters2 en latin se retrouvent à vendre des habits ou des frites et voilà pourquoi 25% des bacs+5 trouvent leurs diplômes inutiles voire dangereux, car souvent ils s'échinent en vain à trouver des postes dans leur domaine de compétence. Parfois aussi, ils refusent au début de leur recherche des emplois dont ils estiment le salaire trop bas, alors qu'un an plus tard ils trouveraient miraculeuse une telle proposition.

En réalité, le nombre de places « intéressantes » (et encore le salaire souvent n'est pas mirobolant) est limitée. On l'estime à 250 000 par génération pour 450 000 diplômés du supérieur. C'est donc une foire d'empoigne qui fait beaucoup de déçus, d'amers et de déclassés. C'est la rançon de la « démocratisation » de l'enseignement supérieur et cela pose le problème de la sélection. La refuser, comme c'est la mode, prétendre que tout est au même plan revient à entretenir et à perpétuer les inégalités sociales. Si je dois choisir entre 20 candidats qui ont des diplômes considérés comme équivalents, je prends celui qui m'a été recommandé, sachant que mes propres enfants bénéficieront en retour d'un coup de pouce similaire. C'est le rêve suprême des bobos et des membres du camp du « bien » (c'est-à-dire de la prétendue gauche) : éliminer la concurrence des classes défavorisées en stérilisant et en relativisant les formations de façon que les places de cadres ne soient plus décernées au mérite, mais uniquement par cooptation de classe. On démantibule l'ascenseur social avec la meilleure conscience du monde.

Aussi suis-je dubitatif quand le gouvernement prétend vouloir lutter contre l'échec à l'université. Si les 650 000 jeunes qui s'inscrivent en post bac sortaient tous avec un diplôme voire un Bac +5, nous détruirions les derniers restes de la méritocratie et nous instaurerons une société totalement figée, tout en augmentant le chômage des diplômés, car notre économie ne créera pas plus d'emplois.

Certes ceux qui échouent en facultés sont souvent d'origine défavorisée ou ont un bac professionnel. Pour remédier à cette injustice, pourquoi ne pas mettre en place une politique de discrimination positive (uniquement sociale et non ethnique ou religieuse) basée d'une manière drastique sur le mérite et la sélection ?

Un bon exemple de ce qu'il faut faire sont les TSI mis en place par les ministres de l'éducation du général de Gaulle dans un souci d'équité sociale. Ces classes préparatoires sont réservées à des bacs délaissés par les classes favorisées et permettent d'intégrer des grandes écoles prestigieuses (Même polytechnique !) C'est ce modèle qu'il faut développer en priorité en ayant en tête que les sciences sont plus neutres socialement que les humanités. Un enfant de « pauvre » a au départ les mêmes chances en mathématiques qu'un enfant de « riche ». Il n'en est pas de même en Français ou dans les langues vivantes.

La grande majorité des Français ont les items « égalité sociale » à la bouche, mais beaucoup d'entre eux (qui se disent souvent de gauche !) sont hypocrites, car ils refusent la méritocratie et une sélection qui se baserait sur des matières non corrélées à l'origine sociale. Nous sommes là au cœur du problème qui ronge notre société.

Osons l'exclusion scolaire définitive : 01.02.2018

L'éducation nationale a un dogme : un élève doit être scolarisé quels que soient les faits même graves qu'on lui reproche. S'il est exclu d'un établissement public, le recteur veille à ce qu'il soit réinscrit ailleurs. Aussi lors des conseils de discipline les proviseurs freinent leurs subordonnés, car ils savent que s'ils se débarrassent d'un trublion, ils récupéreront en échange un adolescent qui à l'usage se révélera peut-être pire que celui qui a été renvoyé. Les établissements privés n'ont pas cette contrainte et doivent leurs succès en grande partie au contrôle qu'ils exercent sur leurs effectifs. Personne n'est inscrit chez eux d'office et un élève (pardon un apprenant) trop chahuteur voire trop paresseux aux yeux de l'équipe enseignante risque d'être exclu même en milieu d'année. Sans doute, cette sévérité entraîne des abus et ne constitue pas un modèle à suivre aveuglément, mais pourquoi ne pas infléchir la politique actuelle qui est source d'injustices criantes et choquantes et dont l'apparente générosité n'est qu'une terrible machine de guerre contre les classes défavorisées, car elle les prive d'un enseignement digne de ce nom.

Celui ou celle qui clame « il faut accueillir tout le monde et n'exclure personne » se prend pour un être généreux, alors qu'il n'est souvent qu'un hypocrite et un « raciste social ». Qui parmi les bien-pensants (ministres, décideurs de l'éducation nationale) qui n'ont que l'égalité à la bouche met ses enfants dans un collège gangrené par la violence et le racket ? Personne et je ne leur jette pas la pierre pour cette raison, car préserver ses enfants est un devoir sacré pour les parents, mais je leur reproche de ne pas adapter leurs discours à leurs actes et surtout de se désintéresser totalement du sort des enfants des banlieues.

Conserver dans un établissement un jeune qui terrorise ses camarades ou perturbe les cours au point qu'ils soient inaudibles et que les élèves de sa classe ne reçoivent aucune instruction digne de ce nom est honteux et révoltant surtout que ces « malheureux » sont le plus souvent d'origine modeste. (Mais les « bien-pensants » n'éprouvent aucune honte à les sacrifier). Dès qu'arrive une catastrophe, on parle de traduire en justice le moindre responsable, ce qui souvent est excessif, mais pour ma part j'applaudirais des mains un étudiant qui ferait un procès à son ancien proviseur, au recteur, au ministre ou au Président de la République, car il aurait fréquenté un établissement où la qualité des cours était nulle du fait d'un ou plusieurs perturbateurs qui n'ont pas été, du fait du laxisme général, éjectés définitivement hors du système scolaire. Sur le seul plan de l'éthique, tous ces responsables scolaires qui ont délibérément sacrifié le plaignant au nom d'une idéologie devenue folle devraient dédommager l'étudiant parce qu'il n'a pas obtenu le diplôme qu'il méritait du fait de ses capacités. Je regrette vraiment que personne ne soit lancé dans une telle procédure, car elle ferait avancer les choses et éviterait ce gâchis humain qui ruine notre Pays.

Ouvrons les yeux : maintenir ou déplacer un chahuteur (ou un racketteur) revient à sacrifier 10 à 20 camarades, à leur nuire au point de les empêcher de faire des études et donc de gagner correctement leur vie, ce qui est une catastrophe pour eux et pour notre économie. Selon une étude parue l'année dernière, les élèves Français sont les plus indisciplinés de la planète derrière les Tunisiens. Comment peut-on tolérer cet état de fait sans réagir ? Rétablir l'ordre dans les classes par tous les moyens devrait la priorité absolue et unique du ministre de l'éducation. Les réformes du lycée ou des universités sont si on les compare à la gangrène de l'agitation des élèves tout à fait marginales et anecdotiques. Toute décision induit des gagnants et des perdants, mais si on se place d'un point de vue moral, on doit privilégier la solution qui profite au maximum de personnes et si on est obligé de choisir, il faut favoriser systématiquement les innocents au détriment des coupables.

Que conviendrait-il de faire ? Tout jeune aurait droit à deux (ou trois) chances. S'il est exclu une première (ou une seconde) fois, on le déplace dans un autre lycée ou collège. Mais s'il récidive tant pis pour lui. L'obligation scolaire normale ne le concernera plus. Chaque département devra créer un établissement spécialisé pour ce type d'élèves. L'encadrement sera renforcé et les enseignants percevront des primes substantielles.

Pour éviter tout dérive, on peut limiter le taux d'exclusion à 3% du total des effectifs et cela concernerait également les établissements privés sous contrat.

La justice et l'équité nous imposent d'urgence une telle politique de fermeté. Continuer dans la voie actuelle revient à interdire aux « pauvres » toute chance d'ascension sociale.

Le gouvernement va taxer les transports aérien et routier 07.02.2018

L'écologie est la mode et puisque les Français semblent réceptifs à la propagande déversée dans les médias, on n'hésite pas à instaurer de nouveaux prélèvements soi-disant écologiques. La taxe carbone a certes été retoquée pour 2019 (elle reviendra toute pimpante en 2020), mais le Pouvoir vient d'instaurer 2 autres prélèvements prétendument verts, dont la seule vertu sera de renflouer les caisses (vides) de l'État. D'abord, il crée une taxe pour les vols au départ de la France, de 1,5 € pour les voyages à destination de l'Europe et de 4,5 € pour les autres destinations. La facture montera à 9 € et à 18 € pour les billets de classes affaires (Pourquoi se gêner ? Les entreprises paieront). Tout cela rapportera 160 millions (une misère !) qui servira paraît-il à améliorer les transports en commun. (Mais l'État gardera pour lui, une bonne part des sommes recueillies pour des prétendus frais de collecte). Air France est vent debout contre cette taxe. Pour ne pas perdre des clients, la compagnie sera obligée de payer à la place de ses clients, ce qui lui reviendra à 60 millions d'euros. Or son équilibre financier est incertain et elle se bat pour sa survie. Il ne faut pas oublier que beaucoup de compagnies aériennes, pourtant très connues ont fait faillite ces dernières années. Si Air France disparaît du fait de cette taxe, près d'une dizaine de milliers de Français perdront leur emploi.

Le gouvernement va également diminuer de 2 centimes par litre de gas-oil consommé les remboursements qu'il accorde aux transporteurs routiers. Cela rapportera 140 millions d'euros et aura un coût moyen de 700 € par camion et par an. Les transporteurs routiers français ne sont pas compétitifs vis-à-vis de leurs concurrents des pays de l'Est qui payent deux fois moins leurs employés et ne respectent pas toujours les réglementations en vigueur. Augmenter leurs charges portera un coup mortel à un secteur en mauvaise santé. De nombreuses entreprises risquent de sombrer.

Ces mesures auront donc un impact important sur l'économie, tout en étant d'un rapport médiocre et surtout en ayant aucun effet écologique. Puisque les compagnies aériennes paieront la taxe sur les billets d'avion, le nombre de vols intérieurs ou internationaux ne diminuera pas. Or le transport aérien est accusé par les écologistes d'être un producteur important et injustifié (immoral ?) de CO_2 et certains voudraient le restreindre, voire le supprimer. Quant au transport routier, la taxe de 2 centimes par litre ne fera pas baisser pas la consommation de gas-oil. Comme elle ne sera pas répercutée, elle n'entraînera pas un transfert vers le rail ou le transport fluvial qui produisent moins de CO_2. Ces annonces sont donc une pure gabegie économique.

Le conseil d'État tonne contre les « petites taxes » qui ne rapportent qu'une centaine de milliers d'euros et dont la perception coûte cher, dévorant la rentabilité de ces prélèvements. Il en aurait 192 pour un total de 5,3 milliards d'euros et le Pouvoir a pour objectif d'en supprimer 17 en 2019. Il vient déjà d'en inventer deux nouvelles.

La potion de la CSG sera plus amère que prévu pour les retraités : 07.02.2018

Mauvaise nouvelle pour 12 millions de Français qui ont la malchance d'être retraités : comme la CSG s'applique sur la pension brute, ils perdent non pas 1,7%, mais 1,89% de leur net. En outre, beaucoup pensaient échapper à la ponction, car ils gagnent moins de 1200 € par mois, alors qu'en réalité on tient compte des revenus du couple. (Il faut toucher à 2 moins de 22 000 € en un an pour ne pas être impacté). Ainsi, 2 conjoints percevant chacun 950 € par mois seront volés par l'État. Pour aggraver ce hold-up les pensions ne seront pas revalorisées en 2018 après une modeste augmentation de 0.8% en 2017. L'inflation sur 2 ans étant de 3% le pouvoir d'achat des retraités (hormis ceux qui touchent le minimum vieillesse) baissera au total de 2,2 % à 4% ! Pourtant, en théorie les pensions devraient suivre l'inflation, mais les gouvernements dérogent sans vergogne à ce principe. Et malgré les mensonges éhontés des médias pro Macron, cette odieuse rapine ne permettra pas d'augmenter le revenu des actifs, mais leur évitera seulement de perdre du pouvoir d'achat.

Certes, un salarié du privé gagnant 1700 € par mois aura un gain de 108 € en 2018 et de 243 € l'an prochain. Mais les fonctionnaires (23% des actifs) verront leur rémunération diminuer fortement, car la hausse de la CSG est seulement compensée alors que les cotisations retraites explosent. De plus le pouvoir fait flamber les taxes sur l'énergie et la fiscalité dite « verte », baptisée ainsi pour mieux duper les Français et leur faire accepter sans protestations des prélèvements indus qui n'ont aucune justification économique. On prélèvera 400 € de plus chaque année jusqu'en 2022. Si on met en balance la baisse de la taxe d'habitation (200€ par an) 60% des habitants de l'Hexagone verront leur revenu stagner en 2018 et 2019 avant de perdre en moyenne 200 € en 2020, puis 400 € en 2021 et 2022. (Ponction totale 1000 € !) Le reste de la population perdra de 300 € à 1000 € en 2018, 200 € à 400 € en 2019 et 2020 et 400 € en 2021 et 2022. En matière fiscale M. Macron met ses pas dans ceux de M. Hollande. (Même si nous n'atteindrons pas les records du précédent septennat)

Le pouvoir évacue les pertes dramatiques des retraités d'une pichenette méprisante et se gargarise de la mensongère augmentation des revenus des actifs. Son arrogance rappelle celle des ministres et de députés socialistes qui se moquaient des ouvriers lorsqu'on a supprimé la détaxation des heures supplémentaires instaurée par M. Sarkozy. On a fait passer les spoliés pour des nantis qui devraient avoir honte de pleurer sur leur perte alors qu'il s'agit en fait des classes sociales les moins favorisées.

Cette désinvolture a coûté très cher à M. Hollande et a empêché sa réélection. M. Macron risque de payer de même rubis sur l'ongle dans les urnes sa morgue et sa suffisance. Combien de Français se disent actuellement « Vivement 2022 qu'on dégage le Président ? »

Les 35 h entre mythe et réalité : 11.02.2018

Les experts se déchirent sur les 35 h. Pour ses opposants, ils n'ont créé aucun emploi, alors que pour ses partisans, les entreprises ont embauché grâce à eux 400 000 personnes. Mais même si ce dernier bilan est juste, il constitue un aveu d'échec. Il aurait fallu en effet qu'un million de nouveaux postes aient été pourvus pour que les 35 h soient une réussite. Même désaccord sur les conséquences de la mesure : les anti 35 h les accusent d'avoir provoqué le décrochage économique catastrophique que nous connaissons depuis 2000. Pour les pros 35 h, notre naufrage (commun à l'Espagne et à l'Italie) tient surtout à l'agressivité commerciale chinoise et aux réformes drastiques de l'Allemagne qui a enrayé son déclin (mais à quel prix social ?). Quant à la progression indéniable de la productivité du travailleur Français depuis 20 ans, les partisans des 35 h l'attribuent à la réduction du temps de travail, tandis que les opposants affirment qu'elle aurait eu lieu de toute façon.

La réalité se situe entre les 2 thèses. Des raisons autres que les 35 h ont joué pour expliquer notre repli économique, mais la diminution du temps de travail a aggravé nos problèmes. Elle a coûté cher, car elle s'est accompagnée d'une réduction massive des charges sociales, d'abord accordée uniquement aux entreprises qui créaient de nouveaux emplois puis, avec le retour de la droite au pouvoir, distribuée d'une manière automatique qui n'avait plus rien à voir avec les 35 h. Ces dépenses colossales expliquent que nous flirtions toujours avec les 3% de déficit, mais il est impossible de revenir sur ce mécanisme sauf à mettre en péril notre économie, car grâce à lui, nous restons compétitifs face aux pays de l'Est.

Néanmoins, les experts de tous bords se retrouvent sur 2 points : avec l'adoption du forfait jour, les cadres ont fourni la même charge de travail avec un temps de présence réduit de 10%. Cette adaptation ne qui ne s'est pas faite sans mal et a été source de stress et de burnout. De même, la gestion des 35 h a été catastrophique à l'hôpital et dans la fonction publique (hors l'enseignement) et l'onde de choc n'est toujours pas absorbée 20 ans après. On n'a pas recruté suffisamment (mais le pouvait-on au vu de notre déficit ?) et pour éviter de manquer de policiers et d'infirmières on a remplacé la diminution du temps de travail par des jours de vacances supplémentaires que le personnel est incapable de prendre. Le résultat est absolument désastreux.

En fait, les 35 h sont depuis longtemps démantelées et il ne reste pas grand-chose de l'esprit qui a présidé à leur naissance. Actuellement, dans le privé ils se réduisent à un seuil de déclenchement des heures supplémentaires et le temps de travail par employé est semblable désormais à ceux des autres pays européens. Revenir aux 39 h reviendrait à diminuer les salaires de 10% en moyenne, impensable politiquement et socialement. Aussi devrait-on arrêter de parler des 35 h. Le débat est clos depuis longtemps !

Uber symbole des excès du capitalisme : 15.02.2018

Les comptes d'Uber donnent le vertige. Après avoir perdu 2.8 milliards de dollars en 2016 le trou s'est creusé à 4,5 milliards en 2017 pour 7,5 milliards de chiffre d'affaires ! De la pure folie. C'est un miracle que cette entreprise ne soit pas mise en liquidation, car on voit mal comment elle pourrait se rétablir. Certes le nouveau PDG (l'ancien est parti suite à un scandale de harcèlement sexuel) a réussi à réduire les pertes de 26% sur le dernier trimestre, certes Facebook et Google ont été longtemps déficitaires avant de dégager des profits spectaculaires, certes la banque d'affaires japonaise Softbank croit toujours en Uber et a investi récemment 9 milliards de dollars, mais les bases de la société semblent fragiles. Uber offre des conditions peu avantageuses à ses sous-traitants et beaucoup d'usagers potentiels préfèrent, pour cette raison, faire appel à ses concurrents. Ainsi, à Londres, Uber a perdu son accréditation du fait de sa réputation déplorable chez ses clients. En outre dans un grand nombre de pays des actions en justice visent à faire requalifier en contrat de travail classique les relations qu'Uber entretient avec ses sous-traitants. La société risque alors de payer des charges sociales importantes, ce qui entraînera aussitôt l'arrêt de ses activités de VTC, car elles ne seront plus rentables.

Uber mise beaucoup sur la voiture autonome. Ce marché sera probablement porteur dans l'avenir, mais la concurrence fait rage dans ce domaine. Uber a payé 245 millions de dollars d'indemnités, car il aurait piraté des brevets. Ne pouvant plus utiliser ceux-ci, il risque de prendre de ce fait du retard. Un taxi sans conducteur humain serait source de profits importants. Sans doute, est-ce la seule raison qui explique qu'on maintienne Uber en vie, car la société, dominante dans les VTC, possédera un avantage décisif par rapport à ses concurrents. Mais le public acceptera-t-il de monter à bord de véhicules sans chauffeur ? Rien n'est moins sûr !

L'activité de livraison de repas d'Uber se développe et atteint un chiffre d'affaires important mais elle n'est toujours pas rentable. Ce qui n'est pas étonnant, car on ne peut pas demander un dédommagement trop important pour le transport de nourriture sinon le client fuit, d'où des pertes qui ne seront probablement jamais comblées

Dans 2 ans Uber sera peut-être démantelée, lorsque la banque qui le soutient sera exsangue. Celle-ci aura perdu tous ses fonds et sera elle-même en péril, ce qui explique peut-être pourquoi elle ne se retire pas. Tant qu'Uber n'est pas en faillite, les milliards investis ne sont pas considérés comme perdus et le bilan de la banque reste équilibré. Les petits porteurs qui possèdent des actions d'Uber et de Softbank seront sans doute les grands perdants de ce naufrage probable. Le capitalisme repose sur le vide : combien d'actions ont un cours absurde qui ne reflète pas la réalité économique sans compter les crypto-monnaies qui ressemblent souvent à des systèmes de Ponzi

Le clash Luc Ferry - Cédric Viviani : philo contre maths : 20.02.2018

M. Ferry, philosophe et ancien ministre de l'éducation a affirmé par provocation que les maths ne lui avaient jamais servi dans la vie courante. Alors qu'on lui retorquait que calculer était utile pour faire ses courses, il a prétendu qu'il suffisait alors d'utiliser une calculette. M. Viviani, médaille Fields (qui sert de prix Nobel aux mathématiques) député LREM et auteur d'un rapport sur l'enseignement des mathématiques lui a répondu que les raisonnements étaient la partie la plus importante de la démarche mathématique et que les plus beaux pouvaient provoquer « un orgasme » !

Mais M. Ferry a raison : seuls quelques théorèmes (Thalès, Pythagore) sont (rarement !) utiles dans la vie courante. Cependant, plutôt que de sortir sa calculette, il vaut mieux, à mon avis, être capable d'effectuer des calculs de tête afin d'avoir une idée juste des prix lorsqu'on fait son marché. Et d'autres matières ne servent pas non plus (sciences naturelles, philo, histoire, littérature ...) alors que l'orthographe et les langues vivantes sont indispensables.

Seuls des matheux de haut niveau sont capables d'apprécier la « beauté » d'une démonstration de la même façon qu'un mélomane apprécie un concerto. Néanmoins ce plaisir est spécial et se rapproche de l'onanisme intellectuel. En revanche, les maths sont des instruments efficaces et des auxiliaires indispensables dans d'autres domaines. Contrairement à ce que certains voulaient faire croire, la physique ne peut se passer d'équations. On cherche depuis longtemps à relier la relativité et la mécanique quantique et toutes les solutions proposées sont des théories mathématiques compliquées. De même, on se sert des propriétés des groupes, une partie ésotérique des maths, pour classifier les particules élémentaires et éliminer celles qui ne peuvent exister ; ces recherches permettront, peut-être, de trouver de nouvelles sources d'énergie. Les maths servent également en économie et sont essentielles dans les assurances et dans la finance. Les groupes sont aussi utilisé aussi en ethnologie en chimie. Leurs propriétés permettent par exemple de classer les cristaux et d'éliminer certaines combinaisons impossibles. Enfin le raisonnement mathématique est formateur en lui-même pour des esprits scientifiques et aucune autre matière n'égale sa rigueur intellectuelle (mais je ne suis sans doute pas objectif vu mon métier).

Les maths (pas le calcul !) ne doivent être réservés qu'à une partie des étudiants, non par élitisme, mais parce qu'il faut avoir un « don » pour l'abstraction et tout le monde ne l'a pas. Bien sûr le travail permet de progresser comme dans un sport de haut niveau. Tout le monde ne peut pas porter les couleurs de la France au jeux Olympiques, mais personne ne devient un champion sans un entraînement de fer. Il n'y a aucune honte à ne pas être doué en maths. Les littéraires sont utiles et font souvent d'excellents cadres. On a tous un domaine de prédilection et il faut cultiver soigneusement ce dernier.

L'islamophobie est-il un délit : 06.03.2018

Quand on veut déconsidérer un journaliste « dissident » (comme Bernard de la Villardière) ou un écrivain « mal pensant » (comme Éric Zemmour), on le traite d'islamophobe, censé être aussi stigmatisant qu'antisémite ou nazi et on sous-entend que ses propos sont passibles des tribunaux. Mais qu'en est-il exactement de cette notion ?

Dans une attaque contre des religions ou des courants de pensée, il faut distinguer les critiques contre les rites et celles qui dénigrent des personnes : celui qui prétend « suivre le ramadan, mettre un foulard, interdire aux prêtres catholiques de se marier, séparer le lait de la viande comme l'impose la cacherout hébraïque, ne sont pas de bonnes idées » ne commet aucun délit. Il trouve certains aspects d'un culte déplaisants et son appréciation relève de la liberté d'expression (et n'est pas du tout du racisme, comme trop de personnes le croient). En revanche les propos suivants sont inadmissibles, passibles des tribunaux et méritent une condamnation exemplaire : « Celles qui mettent un voile sont des idiotes, tous les prêtres catholiques sont des pervers sexuels, les juifs contrôlent les médias, 33% des musulmans soutiennent les attentats » constituent des délits graves qu'on peut qualifier d'incitation à la haine religieuse.

Le délit de blasphème est inconnu en France (et j'espère qu'il le restera), aussi la critique des habitudes des trois plus grandes religions de l'Hexagone est autorisée. En français correct, on qualifie ces opinions d'islamophobie, de christianophobie ou de judéophobie. Être christianophobe ne pose aucun problème et est répandu chez les « bien-pensants ». Les adhérents de « sens commun » ou « du mariage pour tous » sont pour eux des simplets proto fascistes. Ils se moquent allégrement des « curés » (et de Christine Boutin) pour leur position contre l'avortement ou le préservatif. On accuse l'église de pédophilie systématique sans risquer d'aller devant un tribunal. Je me souviens en particulier de la une d'un grand quotidien de gauche où un caricaturiste connu montrait le pape sodomisant un enfant. Ce dessin n'a entraîné aucune réaction et aucune poursuite judiciaire (heureusement, même si j'ai été un peu choqué, bien que je ne suis pas fan de François)

La judéophobie existe en cachant derrière l'antisionisme. On boycotte ainsi un acteur ou un artiste non parce qu'il est juif, mais parce qu'il est allé en Israël, état pourtant reconnu par l'ONU. On frôle souvent l'antisémitisme qui est un crime.

En revanche, les critiques contre les rites de l'Islam ne sont pas tolérés par les « bien-pensants » si ce n'est pour les aspects les plus « disruptifs » comme la lapidation à la suite d'un adultère (et encore !)

Pourtant au risque de me répéter, l'islamophobie n'est absolument pas un délit, si aucune attaque (même la plus minime) n'est émise contre les fidèles du Prophète. En revanche, si on stigmatise un musulman, on commet effectivement un délit et les organisations antiracistes sont en droit de saisir les tribunaux.

Pour ma part, chacune des trois religions précitées à des aspects qui ne me conviennent pas, mais le rite est mes yeux sans importance. L'essentiel est la relation que les croyants pensent trouver avec Dieu, grâce au respect strict des rites de leur foi. Personne n'a le droit de juger un adhérent d'un culte qu'il ne partage pas.

La constitution n'est pas un fourre-tout : 07.03.2018

On prête à M. Macron l'intention de profiter de la réforme de la constitution pour y inscrire la lutte contre le réchauffement climatique. Cette prétention me semble aberrante et à la limite de l'anti-constitutionnalité, comme le sont d'autres aspects de la révision proposée par le chef de l'État. (Je pense à la limitation des amendements pour les groupes d'opposition.)

Certes l'intérêt national exige de modérer par prudence les rejets de CO2 et le réchauffement climatique paraît probable, mais il n'est pas une vérité incontestable que personne ne peut décemment remettre en cause, comme le sont les droits de l'Homme ou l'égalité entre les sexes. Il est seulement une hypothèse scientifique qui sera peut-être un jour réfutée, comme l'ont été les pluies acides dans les années 1980.

Selon le G.I.E.C, il y a 95% de chances les activités humaines dérèglent le climat. Donc selon cet organisme, il y a une chance sur 20 pour que tout ce qu'il affirme depuis 30 ans soit faux. En 1870, les scientifiques pensaient avoir fait le tour de la Physique. Pour eux, leurs confrères du vingtième siècle n'auraient probablement rien à faire si ce n'est calculer la dixième décimale après une virgule. Seuls deux « petits » problèmes astronomiques restaient inexplicables avec la théorie classique mais on les pensait dépourvus de toute importance. Or pour comprendre ces « anomalies » il a fallu créer la relativité générale et la physique quantique qui ont révolutionné la connaissance scientifique.

97% des climatologues estiment qu'il existe un réchauffement depuis les années 1970 de 0.6° en moyenne sauf les années où sévit El Nino comme en 2015, 2016 et 2017 (où le phénomène a avorté). Mais 39% des scientifiques seulement accusent l'homme d'en être responsable. Cependant, dans ce dernier panel, on a réuni des universitaires de toutes disciplines y compris la géologie. Ces spécialistes étaient-ils tous compétents ? C'est un autre problème.

Néanmoins, il existe un fort courant climato septique et prendre les tenants de cette théorie pour des agents des compagnies pétrolières comme le font souvent les « biens pensants » climatiques est absurde et relève de la diffamation pure et simple, car seul un débat solide et argumenté est acceptable. En dépit de ma formation scientifique, je suis incapable de trancher entre les deux thèses, car les arguments « basiques » qui les sous-tendent semblent dans les deux cas parfaitement valables et l'injective sans preuves pour disqualifier l'adversaire n'a aucune valeur.

Pour ces raisons, élever la lutte contre le réchauffement climatique au rang de principe constitutionnel comme semble le vouloir M. Macron me semble inadmissible. La France n'a pas à décider par la loi quelle théorie est scientifiquement juste ou fausse. Allons-nous affirmer de même que la Terre est ronde ? Tout le monde rirait d'une telle initiative surtout que 10% de nos compatriotes pensent qu'elle est plate. Et surtout inscririons-nous comme dans beaucoup de pays que la croyance en Dieu est obligatoire ? Non bien sûr. Une telle prétention entraînerait une levée générale des boucliers et serait sans doute rejetée par le conseil constitutionnel. Et portant elle est équivalente de la volonté de M. Macron de constitutionnaliser la lutte contre le réchauffement climatique.

Le casse-tête du gouvernement : trouver encore 8.5 milliards pour la taxe d'habitation : 13.01.2018

Acculé par le conseil constitutionnel, le gouvernement supprimera totalement la taxe d'habitation après 2020, car le principe de l'égalité devant l'impôt interdit de maintenir un prélèvement qui ne serait payé que par 20% de la population. On peut s'étonner de l'amateurisme (ou du cynisme ?) du Pouvoir. Pourquoi n'a-t-il pas vu dès le départ ce problème pourtant évident, à moins que l'exemption partielle n'ait été qu'une tactique de propagande pour faire oublier l'augmentation de la CSG vis-à-vis des retraités ?

M. Lemaire se trouve devant un casse-tête pour lequel il n'y a que des mauvaises solutions. Le Pouvoir a péniblement établi un plan de finances pour cette législature et a présenté un budget compatible en apparence avec les directives européennes. Bien entendu, il ne faut pas trop gratter sous peine de voir l'édifice s'écrouler. Le déficit est difficilement maintenu en dessous des 3% alors qu'il aurait dû être ramené à 0% comme presque partout ailleurs en Europe. Quelques promesses électorales dont la détaxation des heures supplémentaires ont été oubliées et l'État prétend (imprudemment ?) faire 80 milliards d'économies sur 5 ans. Or de 202 à 2017, on a atteint péniblement 27 milliards (avec force protestations) et en fait les prétendues économies n'étaient qu'une compression de l'augmentation des dépenses (au niveau de l'inflation). Or là on veut vraiment diminuer le volume des dépenses. En outre, la probabilité qu'éclate une crise économique avant 2022 est forte et le déficit augmentera alors mécaniquement de 2% d'un coup. En bref, tenir la trajectoire relevait déjà de la gageure. Rajouter 8.5 milliards pour compenser l'abolition totale de la taxe d'habitation est donc impossible, sans créer un nouvel impôt ou alourdir un ancien, sauf à espérer une croissance record (en moyenne au-dessus de 2% par an pendant 5 ans).

Évidemment, le gouvernement voit le piège. Une ministre a fait preuve d'honnêteté et parlé d'un nouveau prélèvement, mais elle a été tout de suite rappelée à l'ordre (avec raison !). En effet, la décision attendra 2020 ; d'ici là de l'eau aura coulé sous les ponts et l'électeur contribuable aura oublié ce qui s'est dit en 2017. Et encore une fois, si une crise économique éclate, tout sera remis en question. On verra de ce qui se passera dans 3 ans voire dans 5 ou 6 ans si on étale la suppression.

Esquissons néanmoins quelques pistes dès maintenant. D'abord, un principe constitutionnel complique la donne : 40% des ressources d'une collectivité locale doivent venir d'impôts dont elle a la maîtrise. Même s'il le voulait, l'État n'a le droit d'allouer que dix milliards d'euros aux communes. Le reste devra venir d'un impôt. On pense transférer aux municipalités la part de la taxe foncière des départements. Mais que donner à ceux-ci pour compenser ? Une part de CSG ? Il faudrait alors l'augmenter de 1% ! Un impôt sur les loyers fictifs ? Faisons confiance au ministre des finances de 2020 : il trouvera une solution (à nos dépens !)

La taxe foncière sera-t-elle liée aux revenus ? : 11.03.2018

Le ministre du budget, M. Darmanin, envisage de faire varier selon les revenus le montant de la taxe foncière payée par les propriétaires. Cet impôt correspond en général à 1 mois de loyer et jusqu'à présent son montant dépendait de la surface du bien et des emménagements intérieurs (présence ou non de salles de bains ou de piscines). La dernière révision des bases dites locatives date des années 1970, mais depuis les logements anciens ont en général gagné en confort, ce qui devrait induire une augmentation sensible de la taxe pour une grande partie d'entre eux si on tenait compte des améliorations. On a entrepris dans 5 départements une révision de ces bases locatives (sans incidence sur le montant payé), mais les résultats de cette expérimentation ont convaincu le gouvernement de renoncer à une révision générale, tant elle poserait de problèmes. Car le Pouvoir redoute une révolte des Français, surtout des plus modestes, s'il touche de cette façon à la taxe foncière. Elle augmenterait dans la moitié des cas et il serait contraint de donner des délais (5 à 10 ans) pour arriver par étapes au montant final, ce qui ajouterait à la confusion.

D'où l'idée du ministre du budget de lier la taxe foncière au montant des revenus. Taxer les classes moyennes supérieures est plus facilement accepté par l'opinion publique. Selon un sondage, la majorité des Français estiment que ceux qui gagnent plus de 3000 € par mois sont riches et qu'ils n'ont pas à se plaindre si on ampute leur revenu.

La réforme de la taxe foncière se fera-t-elle à montant constant ? Les hausses compenseront-elles exactement les réductions accordées ? Peut-être, mais, à mon avis, on en profitera pour combler le trou dû à la suppression de la taxe d'habitation. Constitutionnellement les collectivités locales ne peuvent recevoir que 40% de leur budget sous forme de dotations de l'État. Il faut donc trouver 8 à 18 milliards de taxes locales. Donnera-t-on 1 ou 2 points de CSG aux communes ou aux départements comme on l'évoque parfois ? Cette solution priverait l'État de revenus, ce qui à mon sens est impossible en cette période de disette budgétaire. On augmentera plus probablement de 5 à 10 milliards la taxe foncière. 50% des contribuables paieront autant que maintenant mais 50% subiront une augmentation de 30% à 60%. Les propriétaires bailleurs seront les plus impactés par cette mesure, mais M. Macron les déteste et veut que les Français orientent leurs placements vers l'industrie plutôt que vers l'immobilier. (Et, pourtant on est quasiment sûr de voir ses économies diminuer si on les place à la Bourse, du fait des prélèvements indus des banques). Notre pays est pourtant le champion en Europe de la taxe foncière : son montant total est 10 fois plus élevé chez nous qu'aux Pays Pays-Bas, en Espagne ou en Italie, 3 fois plus que l'Allemagne ou au Royaume Uni. Cette considération n'arrêtera pas le gouvernement qui probablement va se livrer à son petit jeu favori : taxer les classes moyennes.

Halte au scandale épouvantable des prénoms différents suivant les sexes : 12.03.2018

Les féministes tiennent le haut du pavé et interviennent dans tous les domaines ; une révolution invisible est en marche : les entraîneurs expliqueront aux jeunes hockeyeurs ontariens (Pourquoi eux ?) que certains de leurs camarades peuvent changer de sexe, la cour suprême de l'Autriche introduit un troisième genre, un invité arborant une barbe et une peau

« rose » affirme n'être ni blanc (quelle honte d'appartenir à cette race maudite) ni un homme, un être humain né homme et « blanc », se fait tatouer en noir et couper son pénis et ses tétons afin de ne plus être genré. Pourtant, un scandale épouvantable persiste que, curieusement, personne (parmi les progressistes !) ne dénonce : les prénoms liés au sexe. Va-t-on tolérer encore longtemps que ce patronyme enferme d'autorité et dès leur naissance les petits Français dans une case fille ou garçon, alors que plus tard, ces enfants voudront peut-être changer de sexe ? Cette bien mauvaise coutume est inadmissible et il faut corriger cet abus dans les plus brefs délais. Autoriser les parents à attribuer un prénom féminin à leur garçon ou l'inverse ne resoldera rien, car les habitudes néfastes continueront. Non le parlement doit proscrire l'ensemble des prénoms non mixtes sans en oublier aucun. Ne restera qu'une poignée de patronymes donnés indifféremment aux deux sexes : Camille, Claude, Anne (Du temps de François 1[ier] on a brûlé pour hérésie luthérienne un conseiller du Parlement de Paris nommé Anne du Bourg). Après je cale ! Mais ce n'est pas grave si on peut compter les prénoms mixtes sur les doigts d'une main : on encouragera les parents à inventer les prénoms de leurs bébés du moment que les syllabes choisies soient neutres, genre Alliabi, Marelo. L'imagination sera reine et le champ des possibles infini ! Bien entendu, les officiers d'état civil devront veiller à ce qu'aucune règle implicite ne ramène le sexe par la porte arrière. Par exemple, ils s'assureront que la lettre terminale « *a* » ne sera pas réservée aux soi-disant « filles ». Heureusement, *Attila* était un cisgenre masculin. Ainsi, grâce à cette réforme, ceux qui veulent changer de sexe ne seront plus obligés de se choisir un autre prénom, ce qui est toujours traumatisant. L'être humain est défini par son patronyme de naissance, par celui qu'utilisaient ses parents pour l'appeler. Être contraint d'y renoncer est un déchirement sans nom et il faut donc tout faire pour éviter ce drame.

Certes, 80% des Français seront sans doute hostiles à ces réformes, mais leur avis réactionnaire n'a aucune importance. Que la majorité impose ses choix est une notion dépassée et antique. Seul compte ce que pensent les progressistes et les bien-pensants et toutes les autres opinions doivent être mises à la poubelle. Vive la révolution féministe intégrale !

Bien entendu, je considère que je viens d'écrire un tissu de sottises auxquelles je n'accorde aucun crédit. Pourtant, ma démonstration ne sonne-t-elle pas juste si on adopte les axiomes du genre ? Et qui sait si elle ne sera pas reprise sans ironie cette fois-ci et sur un ton comminatoire ? Les délires féministes touchent en effet tous les domaines et induisent un certain nombre de mesures bizarres et inattendues. Ce que je propose n'est pas plus « étrange » que ce nous subissons !

Les « pseudo-féministes » voilées baisseraient-elles le masque ? 12.03.2018

En Iran, une femme a été condamnée à 24 mois de prison, dont 3 fermes pour avoir laissé ses cheveux libres en public. Le procureur va faire appel, car il trouve la peine trop légère. C'est intolérable même si ce procès a eu lieu dans un pays étranger et si nous n'avons pas à critiquer le système judiciaire d'une autre nation lorsqu'il s'agit de délits de droit commun. Mais là cette affaire nous concerne tous, car la liberté est une et indivisible et appartient aux droits humains inaliénables. Aucun pays, aucune constitution ne peut réduire ces derniers, même en invoquant des prétextes religieux. Toute femme qu'elle soit musulmane, chrétienne, juive, bouddhiste ou hindouiste a le droit de ne pas couvrir ses cheveux si elle le souhaite. Pour ma part, j'estime qu'un pays qui rend obligatoire le voile, devrait être écarté de l'ONU et de toute instance internationale de la même façon que l'ont été l'Afrique du Sud et la Rhodésie lorsqu'elles pratiquaient la ségrégation. À mes yeux, imposer le hidjab est aussi grave que de retirer ses droits civiques à un homme ou à une femme qui n'aurait pas la bonne couleur de peau.

Je m'étonne donc du silence assourdissant des pro voiles qui ne cessent de prétendre que hidjab et féminisme sont tout à fait compatibles. Par exemple, les chroniqueurs de M. Hanouna n'ont pas, à ma connaissance, parlé de l'ignoble verdict iranien à l'antenne et, bien entendu, ils n'ont pas exprimé leur indignation de quelque manière que ce soit. Pourtant, ils se sont violemment opposés à Bernard de la Villardière, car ce dernier désapprouve le voile, même s'il est contre son interdiction. Y aurait-il deux poids, deux mesures ? Une femme originaire de l'ancienne Perse vaudrait-elle moins qu'une Française ? À moins que pour certaines prétendues féministes hexagonales le voile n'est pas une liberté mais une obligation ?

De plus, lors d'une manifestation organisée à l'occasion de la journée de la Femme (le 8 mars) des militantes qui avaient déployé des pancartes pour soutenir leurs sœurs iraniennes victimes de la répression ont été violemment prises à partie et insultées par des militants BDS, c'est-à-dire de la part de pro-palestiniens qui prônent le boycott d'Israël. Cet incident a provoqué l'écœurement de quelques (vraies) féministes et certaines ont été jusqu'à déclarer qu'elles arrêtaient toute action, car leur combat serait gangrené par les « islamo gauchistes »

Il est en effet temps de réagir : le glissement opéré par les « bien-pensants » est de plus en plus insidieux. Par peur d'islamophobie, on tolère des dérives inquiétantes. Ainsi, une affiche canadienne vante le féminisme en présentant une jeune fille voilée ! C'est tout bonnement abject. Bien entendu, toute loi qui interdirait le hidjab serait liberticide, mais ce tissu reste le symbole de la domination patriarcale. Une femme voilée n'est absolument pas féministe, car elle se soumet volontairement aux diktats des hommes. (Ils seraient, paraît-il, sexuellement excités à la vue des cheveux). Certes elle est libre de le faire, mais son attitude ne doit surtout pas être érigée en modèle.

Viols collectifs de Telford, l'hypocrisie des biens pensants : 16.03.2018

La campagne « balance ton porc » bat son plein et nous sommes abreuvés de dénonciations qui concernent le plus souvent des harceleurs de race « caucasienne ». Si des hommes influents ont profité de leur position pour importuner ou violer des jeunes femmes, il est normal qu'il rende des comptes et qu'ils soient déférés devant des tribunaux s'ils ont commis des délits ou des crimes. Les médias « bien-pensants » ne cessent de parler de ce phénomène et s'indignent du silence qui a régné trop longtemps. On peut trouver leurs protestations exagérées et que dans beaucoup de cas la modération devrait être de mise, mais on ne peut pas leur donner tort sur le fond. La société a sans doute trop longtemps toléré une culture machiste.

Mais ces mêmes médias si prompts à faire la morale encourent des accusations d'hypocrisie et de racisme lorsqu'ils n'évoquent pas les faits divers épouvantables qui se sont produits à Telford entre 1980 et 2010. Dans cette ville du Royaume Uni, on déplore une série de viols dont l'ampleur dépasse l'imagination. 4000 enfants (blancs) ont été abusés sexuellement, torturés, voire prostitués par des gangs dont les membres étaient d'origine pakistanaise ou bangladaise. Comble de l'horreur, la police a refusé de prendre les plaintes par peur d'être accusée de racisme. Et on a renvoyé des donneurs d'alerte qui devant l'inertie des autorités voulaient prévenir les journaux. Quant aux services sociaux ils ont été en dessous de tout.

Une commission d'enquête indépendante vient d'être constituée afin de faire toute la lumière sur ce scandale effrayant. Or peu de médias en parlent (Il n'y a rien sur Libération, Le monde ou Portail Orange ce vendredi à 20 h) alors que le retentissement de l'affaire devrait être mondial et que tous les journaux télévisés devraient ouvrir sur ces informations.

Pourquoi cette omission ? Parce que ni les victimes ni les bourreaux n'ont ni la bonne couleur de peau ni la bonne religion ? L'attitude frileuse des médias est-elle dictée par le racisme ? On peut légitimement se le demander. Je parie avec qui le souhaite que si un gang de skinheads blancs avait violenté des jeunes musulmanes, on en aurait parlé cent fois plus (Ce qui aurait été sans doute la bonne mesure). Et on aurait une nouvelle fois dénoncé la civilisation occidentale coupable de générer de tels monstres. Pourtant, si une centaine de Pakistanais ont commis des crimes atroces, ils sont les seuls responsables et leur communauté n'a absolument pas à subir le poids de leur faute. La religion ou l'origine ethnique d'un criminel ne doit jamais entrer en ligne de compte. Une ordure reste une ordure et la noirceur de son âme n'a rien à voir avec le Dieu qu'il prie.

Espérons que cette commission va éclaircir les circonstances de ce drame, que tous ceux qui par lâcheté ou par peur de paraître raciste ont laissé se perpétuer de telles abominations soient sévèrement punis et que plus jamais de tels faits ne se reproduiront.

L'appel des 100 intellectuels contre le « séparatisme » islamique n'est-il qu'un vœu pieux ? 22.03.2018

Ce mardi 20 mars, 100 personnalités de toute opinion et de toute religion ont signé un appel contre le séparatisme islamique. Ils appellent à lutter contre l'intolérance et contre le totalitarisme incarné par l'Islam rigoriste. Ils s'opposent à toute forme de sécession ou « d'Apartheid » et refusent notamment que les droits des femmes soient bafoués par les intégristes.

J'ai beaucoup de respect pour les signataires de cette tribune et je crois en leur sincérité. Tout démocrate ne peut que partager les opinions mises en avant dans cet appel, mais elles restent des vœux pieux impossibles à mettre en place. Pour ma part, si on pouvait arrêter la marche irrésistible vers la partition, je soutiendrais de toutes mes forces ces intellectuels qui se dressent contre l'emprise des intégristes. Mais n'est-il pas trop tard ? Des zones islamiques se sont créées aux périphéries de nombreuses villes, des quartiers où les lois de la République sont ignorées, où le mariage religieux prime, où la charia est en partie appliquée, où l'enseignement est en partie expurgé des passages contraires à l'Islam et où aucune fille n'ose sortir sans son voile de peur d'être insultée. Pour l'instant, ces territoires « séparatistes » ont une superficie réduite et les forces de l'ordre peuvent encore y pénétrer si elles viennent en nombre. Mais pour combien de temps ?

Que proposent ces 100 personnalités pour réduire ces zones et rétablir la légalité républicaine ? Veulent-ils dépêcher des « missionnaires » laïques pour prêcher et expliquer nos valeurs républicaines ? Cela rappellerait la « francisation » de l'Algérie tentée entre 1956 et 1960 et qui a été un échec complet. On ne change pas de force les croyances d'un peuple, même avec la meilleure volonté du monde. Souhaitent-ils envoyer l'armée ? La situation est tellement dégradée qu'il faudrait occuper militairement ces ghettos pour les faire réintégrer de force le giron de la France. Voudraient-ils qu'on suive la politique menée sans succès par la Grande Bretagne en Irlande du Nord entre 1968 et 1998 ? Bien sûr que non ; aucun homme politique Français sensé ne préconisera une telle solution, car elle déclencherait inévitablement la guerre civile. Cet appel des 100 aurait été justifié et aurait sans doute porté ses fruits s'il avait eu lieu dans les années 1990, juste après la marche des Beurs. À cette époque, la sécession ne s'était pas encore produite et les musulmans ne voulaient être que des Français à part entière, mais cette tribune parue en mars 2018 est bien trop tardive. Un deuxième peuple s'est créé et il n'est au pouvoir de personne de faire disparaître ce rameau intégriste, sauf, je me répète, à appliquer des méthodes fascisantes qui me révulsent et que doivent rejeter tous les démocrates. Qui approuverait l'interdiction totale du voile ou l'expulsion vers l'Afrique du Nord des plus intégristes des musulmans ? Personne, je l'espère ! Et n'oublions pas que 40% des musulmans Français sont laïques et placent la République avant la religion. 30 % appartiennent au marais et peuvent basculer d'un côté et d'un autre, 30% ne jurent que par la Charia (Soit 2 millions de personnes, 3% de la population Française)

Nous sommes dans l'entre-deux. Avant qu'une paix de compromis ne se dessine comme en Irlande du Nord ou en Nouvelle Calédonie, il faut que chaque partie comprenne qu'il ne pourra pas imposer sa loi. Cet appel des 100, le flot d'invectives que m'a valu mon article sur l'inévitable sécession paru le 17 novembre 2017, montrent que nous sommes loin de cette étape. Il faudra sans doute 20 à 30 ans voire plus avant qu'un accord ne soit signé. D'ici là nous aurons d'autres épisodes de ce conflit latent, d'autres attentats sanglants. Nous connaîtrons des répliques violentes d'identitaires comme il s'en est produit récemment en Italie. Nous verrons l'élection d'une quinzaine de députés islamistes grâce à une alliance avec l'extrême gauche. Peut-être que ces derniers avec l'introduction de la proportionnelle joueront un rôle charnière à l'instar des partis religieux en Israël si bien que nous serons forcés de négocier.

Un compromis ne serait absolument pas une capitulation devant une minorité, bien au contraire. Si nous ne faisons rien, alors les islamistes continueront à s'étendre, sans que rien n'arrête leur progression. Parapher un accord permettrait d'endiguer l'Islam en définissant clairement ce que la République concède : la polygamie, les lois sur l'héritage et la famille, mais rien de plus, pour ceux qui le souhaitent et dans des zones de surfaces limitées. Partout ailleurs toutes les lois de la République et, uniquement elles, s'appliqueront. Et toute tentative d'intimidation religieuse (obliger une musulmane à porter le voile contre son gré, imposer le ramadan à ceux qui ne veulent pas le suivre, invectiver un fidèle du prophète qui boit de l'alcool) deviendra un délit punissable devant les tribunaux. En principe, c'est partout en France que ces dispositions justes et de bon sens devraient d'appliquer. C'est impossible vu le contexte (sauf à mener une guerre inexpiable) et il faut donc définir des zones les plus étendues possibles où nous imposerons et protégerons l'égalité républicaine. Je me trompe peut-être (sans doute ?), mais je me suis essayé à la Realpolitik et je me suis efforcé de trouver une solution qui tienne compte de l'amère réalité.

L'Islande veut interdire la circoncision pour les bébés : 31.03.2018

Une députée islandaise a déposé une loi interdisant au nom des droits de l'enfant la circoncision des bébés pour des raisons non médicales. Elle a provoqué un tollé, bien que le nombre total des membres des 2 religions visées est faible en Islande (1000 musulmans et 250 juifs sur une population de totale 320 000 personnes). Cette mesure est donc purement symbolique. La loi assimile la circoncision à une mutilation et la compare à l'excision qui est interdite dans la plus grande partie des pays occidentaux.

La circoncision est indispensable aux juifs. Elle est le symbole de leur alliance avec Dieu et un homme dont le prépuce n'aurait pas été coupé n'appartient pas à cette religion. Cette opération est fortement recommandée pour les musulmans, mais n'est pas impérative. Quelques rares théologiens mahométans la considèrent comme une coutume juive (donc à proscrire). Il est possible en effet que l'Islam soit issu d'une secte juive qui suivait toutes les prescriptions de Moïse, mais pensait en plus que Jésus était le Messie.

Mettre sur le même plan circoncision et excision me gêne. Il n'y a aucun avantage dans la seconde coutume bien au contraire. Dans la forme mineure (très peu pratiquée), où on ne retire que la peau protégeant le capuchon du clitoris, la fille excisée ne ressentira aucune gêne et donc la symbolique peut rester. Mais en général, on va plus loin et la mutilation d'une part plus ou moins grande du clitoris est une catastrophe pour la femme dans sa vie sexuelle. Elle a mal. Son plaisir est diminué, voire aboli. Cette barbarie doit donc être absolument interdite.

Or la circoncision a plus d'avantages que d'inconvénients. À l'âge adulte, elle protège du VIH, du VPH, de l'herpès et du virus du papillonne humain. Il diminue les infections urinaires de 12% (0.7% des bébés sont hospitalisés pour de tels problèmes et certains en meurent). Il diminue également le cancer du pénis (fort rare) et l'épaississement du revêtement du gland, réduit l'éjaculation précoce.

Ces avantages font que la circoncision est très répandue aux USA chez les chrétiens. 95 % des garçons de moins de 18 ans ont perdu leur prépuce. Cette coutume médicale est particulière à ce pays et date du dix-neuvième siècle.

Mais la circoncision présente aussi des inconvénients : l'opération est douloureuse (autant qu'à l'âge adulte contrairement aux idées reçues). 3% des circoncis présentent des complications (infections, nécroses, saignements, trop grande extraction de peau, obligation d'une nouvelle opération). Le bébé portant des couches est moins protégé contre les microbes des selles et des urines. Certains circoncis se plaignent d'une perte de plaisir à la masturbation et pendant les rapports. Enfin, la lubrification, (qui est source de confort pour le ou la partenaire) diminue fortement.

Pour moi, la circoncision n'étant pas une abomination comme l'excision doit être autorisée pour les bébés, au choix des parents. Que l'État arrête de se mêler de ce qui ne le regarde pas !

La ministre du travail propose un contrôle « humain » des chômeurs : 20.03.2018

Mme Pénicaud, ministre du travail, vient de déclarer qu'elle refuse un contrôle automatique des demandeurs d'emploi. Celui-ci sera exercé d'une manière « humaine », notamment sur un point essentiel, la notion d'une offre « raisonnable » d'emploi. Jusque-là les critères pour la définir étaient géographiques et financiers et étaient appliqués d'une façon mécanique. Maintenant, le conseiller et le demandeur d'emploi établiront ensemble ses caractéristiques lors de l'inscription à l'Unedic. On ne peut qu'approuver, car parfois des emplois inappropriés étaient proposés (situés dans des villes où le chômeur ne pouvait pas se rendre faute de transports publics adaptés ou de véhicule personnel, travail où la qualification demandée ne correspondait pas aux compétences du demandeur d'emploi).

Cette définition conjointe sera importante, car les sanctions en cas de refus injustifiés seront accrues : l'allocation sera suspendue pendant 1 mois pour la première infraction, 2 mois la deuxième et 4 mois la troisième. En outre à partir du second rejet l'allocation sera définitivement amputée. Jusqu'à présent des sanctions existaient, mais elles n'étaient jamais appliquées ou presque (77 en 2017 !). Le but est désormais d'y avoir systématiquement recours pour motiver les demandeurs d'emploi.

Ceux-ci dans 2 ans devront tenir un carnet de bord de leurs recherches et le montrer systématiquement à leur conseiller. Pour l'instant, cette mesure sera testée dans 2 départements avant d'être étendue à toute la France.

Selon la ministre (mais ses chiffres sont proches de la réalité) 66% des demandeurs d'emploi cherchent de manière active un nouvel emploi et n'encourent aucun reproche, 20% sont découragés, car ils sont inscrits depuis longtemps à l'Unedic sans avoir rien trouvé et 14% profitent du système (ils ne font aucun effort). C'est cette dernière catégorie qui sera visée par les nouvelles sanctions et le travail des conseillers sera de distinguer les profiteurs des découragés, ceux devant être remobilisés et remis sur les rails.

D'autres sanctions seront allégées : refuser une formation n'entraînera plus de rétorsion, l'absence à un entretien avec un conseiller induira une suspension des allocations de 15 jours au lieu de 2 mois. Il y avait dans ce domaine quelques abus : chômeur malade dont le certificat médical n'était pas pris en compte, demandeur d'emploi qui ne recevait pas de convocations.

Mais ces mesures ne sont pas la révolution annoncée. Elles ne sont que des adaptations aux réalités du terrain et ne changeront pas grand-chose. Désormais 500 chômeurs seront sanctionnés chaque année pour non recherche d'emplois, guère plus, car un profiteur arrivera toujours à se justifier. Il écrira quelques lettres à des entreprises en choisissant celles dont il est sûr qu'elles ne l'embaucheront pas. Ces annonces sont symboliques de la méthode de gouvernement de M. Macron :

faire croire à des bouleversements profonds lorsqu'il ne s'agit que de petits ajustements (bienvenus !)

Le déficit de la France diminue : 23.03.2018

Cocorico. Déjouant les sombres pronostics de la cour des comptes, nous sommes repassés pour la première fois depuis 2007 en dessous des 3% du PIB de déficit. Celui-ci ne sera que 2,6% au lieu de 2,9% prévu, grâce à de très bonnes recettes fiscales générées par le surplus de croissance. Alors que nous étions le dernier pays avec l'Espagne à rester dans la procédure de déficit excessif, que nous avions échappé de justesse depuis trois ans aux sanctions de Bruxelles, nous sommes enfin revenus dans les clous. Cependant, il faut se garder de pavoiser. D'abord, nous traînons toujours le problème des 10 milliards extorqués à tort aux entreprises par M. Hollande et qu'il a fallu rendre. Des acrobaties financières ont permis de retarder l'année de la prise en charge de cette bévue, mais elle pèsera sur 2018 et 2019 : le gouvernement prévoit un déficit à 2,8% et 2.9% les années suivantes (peut-être moins si la croissance se maintient, mais elle semble fléchir en ce début de 2018). Ensuite, l'amélioration n'est due qu'à un surplus de recettes. Les dépenses ne diminuent pas loin de là et nous restons vice-champion du monde des impôts. Notre taux de prélèvement obligatoire n'est battu que par celui du Danemark.

Mais surtout regardons les chiffres en face. 2,6% de déficit ne signifie pas que les recettes se montent à 97,4% des dépenses mais que le trou représente 2,6% du PIB soit 66 milliards d'euros. En fait malgré l'avalanche d'impôts en tout genre, nous ne couvrons que 86% des débours et nous ne sommes plus à l'équilibre depuis 1974. Aucun ménage ne pourrait tenir avec un tel trou, mais notre pays est drogué à la dette. Celle-ci est passée de 96,6% du PIB en 2016 à 97% en 2018. M. Lemaire, le ministre des finances, espère que nous ne dépasserons pas les

100%, mais ce pourcentage est purement symbolique vu que l'Italie est à 132% et le Japon à 230%. Le système tient, car la confiance règne. On prête à l'État Français, car on estime que quoi qu'il arrive, il remboursera. Les créanciers ne demandent même qu'un intérêt symbolique. Mais cette confiance est récente et provient en grande partie du manque de rentabilité des autres placements. Elle pourrait donc rapidement s'effriter.

Nous ne sommes pas sortis des difficultés loin de là. Le déficit cessera d'être dangereux en dessous de 1%. Le gouvernement pense y arriver en 2021. Mais cette prévision suppose que nous connaîtrions d'ici là aucune crise, comme celle de 2008. En 2007 nous étions dans la même situation que maintenant avec l'espoir de nous en sortir rapidement. On connaît la suite. Or les crises reviennent à intervalles réguliers et le cycle de prospérité a duré plus longtemps que d'ordinaire. Aussi on peut annoncer sans risque de se tromper qu'un krach se produira en 2018, 2019 ou au plus tard 2020. Mais alors que les autres pays européens ont profité de l'embellie économique pour assainir leur situation et se préparer aux années de vaches maigres, nous émergeons seulement : je crains qu'il ne soit trop tard !

M. Macron va-t-il changer les règles de l'héritage ? 01.04.2018

Le spectacle désolant donné par les héritiers de Johnny Hallyday illustre les différences entre la France et les États-Unis en ce qui concerne l'héritage. Chez nous (comme dans la grande majorité des pays Occidentaux) on ne peut pas déshériter un enfant. Un Français a le droit de disposer comme il l'entend de 50% de ses biens après sa mort, s'il a un fils ou une fille, de 33% s'il y en a deux et de 25% au-delà. Néanmoins, on peut donner la totalité de ses biens en usufruit à son conjoint survivant, ce qui crée des frustrations en cas de remariage surtout si la bénéficiaire a le même âge que ses beaux enfants. Et on peut aussi grâce aux assurances-vie contourner ces dispositions (sans dépasser certaines limites)

L'héritage est source d'inégalité. C'est même la plus importante. Donations et héritages constituent 20% des revenus en 2018. Ce pourcentage montera à 33% en 2050. Cette proportion est énorme, mais seuls les plus aisés touchent ce pactole. Dans 30% des cas, l'héritage s'élève à moins de 8000 €, dans 85% des cas, il ne dépasse pas 100 0000 € et il est en moyenne de 50 000 €. Des réformateurs (de gauche) préconisent de confisquer tous les héritages au profit d'un « pot » commun qui permettrait de verser 40 000 euros à chaque Français à sa majorité, ce qui les lancerait dans la vie. Mais une telle mesure révolterait ceux qui ont quelques biens et du fait de cette résistance ne se fera jamais. Même la défunte et communiste Union Soviétique n'a jamais osé mettre en place une telle spoliation. D'autant plus que les moyens de contourner la suppression de l'héritage seraient nombreux. Il suffirait de donner son capital de son vivant à ses enfants (Comment l'interdire sans à abolir la propriété privée ?)

À côté de ces extrémistes, des libéraux, comme M. Bébéar ou M. Koenig proposent d'instaurer en France une totale liberté testamentaire comme aux États-Unis et pressent le Président d'agir en ce sens. M. Macron qui combat toutes les formes de rentes modifiera-t-il les règles existantes ? On verra ce qu'il décidera. Les partisans des lois américaines sur l'héritage prétendent qu'une telle modification permettrait une circulation plus rapide des biens (On hérite en moyenne à 60 ans et on a tendance à économiser ce qu'on a reçu). Ils donnent également en exemple des milliardaires qui donnent 1% de leur capital à leurs enfants (ce qui leur suffit pour vivre sans travailler) et qui offrent 99% de leurs biens à des organisations philanthropiques. Néanmoins, ce phénomène touche surtout uniquement les selfs made men qui n'ont pas hérité de leur fortune. Les membres des grandes familles comme les Rockefellers ne le font jamais ! Mais une telle réforme heurterait culturellement les Français et serait difficilement acceptée. On craint la belle-mère qui spoliera les enfants d'un premier lit ou l'infirmière cupide qui circonviendraient un malade. Nous sommes des latins et nous n'avons pas la mentalité anglo-saxonne dont le rapport avec l'argent est si particulier.

Parti Islam en Belgique : le risque d'élire des intégristes musulmans : 08.04.2018

En Belgique, le parti Islam qui prône l'instauration de la Charia et, plus concrètement, la fin de la mixité dans les transports en commun va présenter des candidats aux élections municipales dans un grand nombre de villes de Wallonie et de la région Bruxelloises. Il a 2 conseillers sortants et espère multiplier leur nombre par 5. Ses représentants s'ils sont effectivement élus, ne constitueront pas pour l'instant un danger et seront incapables d'appliquer leur programme antidémocratique. Mais tout peut basculer dans quelques années avec l'accroissement du nombre de musulmans et le repli de ces derniers sur des bases communautaires, d'autant plus qu'outre-Quiévrain des islamistes « modérés » pratiquent l'entrisme dans des partis « compatibles ». En effet, par souci de diversité, beaucoup de formations politiques nomment des fidèles de Mahomet à des places éligibles en se contentant d'une adhésion formelle à leur programme. Le nombre de conseillers musulmans ne cesse d'augmenter et si ces derniers ne sont pas tous aussi extrémistes que le parti Islam, ils font souvent passer les intérêts de leur communauté avant ceux de la formation qui les a fait élire. Ce phénomène est accentué par une particularité de la loi électorale belge qui permet de modifier l'ordre des listes proposées (le scrutin est proportionnel). Beaucoup de musulmans profitent de cette disposition pour favoriser leurs coreligionnaires alors que l'inverse ne se produit pas.

En France, les partis islamiques sont encore au stade embryonnaire. Ils sont en outre divisés entre les formations dominées par les partisans du turc Erdogan (qui bénéficient du soutien financier d'Ankara) et celles qui représentent les personnes d'origine Magrébine. Mais nous ne leurrons pas. Selon les sondages, 1 à 2 millions de Français souhaitent instaurer la Charia. Tôt ou tard nous aurons des députés intégristes, surtout avec l'introduction d'une dose de proportionnelle. Les islamistes pèsent 5 % des votants. Ils auront donc 3 députés élus à la proportionnelle, et 1 élu au suffrage direct. Cela n'aura aucune incidence sauf si aucune majorité ne se dessine à la chambre. Le rôle des islamistes deviendrait alors capital. Ils pourraient faire l'appoint d'une formation de gauche en échange de concessions (voile à l'école, loi sur le blasphème, fin du porc dans les cantines, programmes de l'enseignement à la carte pour les élèves...). L'islamo gauchisme n'est pas un vain mot et déjà il existe des liaisons un peu troubles entre ces deux tendances. En outre, le nombre de musulmans ne cesse de croître. Une étude récente montre la radicalisation et le séparatisme de la jeunesse musulmane : 2/3 d'entre eux sont favorables à la charia contre 1/3 pour leurs aînés. le parlement n'est pas le problème principal que la France va affronter. Tôt ou tard des listes islamiques prendront le contrôle de municipalités où les croyants sont majoritaires. Verrons-nous à Tourcoing des bus réservés aux femmes ?

Prélèvement à la source : lourde charge pour les PME et spoliation des classes moyennes ? 10.04.2018

Le prélèvement à la source est une complication pour les PME. Elles devront soit modifier les logiciels maison, soit demander aux comptables de s'occuper de ces problèmes ce qu'ils feront bien volontiers, mais en augmentant leurs honoraires (ce qui est normal, car toute peine mérite salaire). D'autre part, les dirigeants des entreprises petites ou moyennes seront, en cas d'erreur, pénalement responsables. Or cette réforme est une usine à gaz : comment être sûr d'appliquer le bon pourcentage sans se tromper ? Les contentieux risquent d'être nombreux et les sanctions vont pleuvoir sur des personnes qui n'ont rien demandé.

Les responsables syndicaux des dirigeants de PME demandent non le report de la mesure qui ne servirait à rien, puisqu'on en a déjà eu un, mais l'abolition des poursuites pénales en cas d'erreurs, sauf pour les fraudes manifestes, c'est-à-dire pour les patrons qui retiendraient les impôts, mais ne le restitueraient pas à l'État. Ils souhaitent également une aide financière, souhait logique puisque cette réforme va coûter de l'argent aux entreprises alors que la perception de l'impôt sur le revenu engendrera pour l'état les mêmes frais qu'avant. Bien entendu, le gouvernement va faire la sourde oreille. Pour lui il n'y a aucun problème et tout est réglé !

Quant aux contribuables le réveil risque d'être amer. Ils auront dès le mois de janvier une paye minorée même si pour finir, leur pouvoir d'achat ne bougera pas. Car les prélèvements seront plus lourds dans un premier temps. Ceux qui payaient par tiers, gardaient l'argent de leurs impôts jusqu'en mars. Et avec le prélèvement à la source, les déductions fiscales interviendront tardivement : un remboursement de 30% en mars et le solde en septembre. Le contribuable paiera donc plus le premier semestre avant de récupérer sa mise au second. L'augmentation provisoire de la pression fiscale et l'impression (fausse) de diminution des revenus auront un effet récessif évident. Les Français restreindront leurs dépenses au début de 2019.

Mais le pire est à venir pour les classes moyennes. Tôt ou tard la CSG va fusionner avec l'impôt sur le revenu, avec la clé la suppression du quotient conjugal (chaque membre du couple paiera séparément ses impôts, ce qui alourdira la facture des conjoints dont l'un gagne plus que l'autre) la suppression du quotient familial et de toutes les niches fiscales y compris celles pour les emplois à domicile. En plus, ceux qui gagnent moins seront exemptés de CSG et les classes moyennes paieront à leur place. Un premier projet a été présenté dans les colonnes du Figaro : il crée 3 classes à 0% jusqu'à 1900 € à 15% entre 1900€ et 5000 € et à 40% au-dessus. Un couple dont le mari gagne 9000 euros par mois, dont la femme ne travaille pas, 2 enfants, payant 3000 € annuels pour une aide-ménagère paierait 2500 € de plus. Les classes moyennes supérieures seront une nouvelle fois laminées, car les taux seront bien plus élevés que ceux de cette proposition.

La cour des comptes dénonce des dérives chez les fonctionnaires territoriaux de Mayotte : 11.04.2018

Mayotte a été annexée en 1841 sous Louis Philippe, 50 ans avant le reste des Comores. (Et avant Nice et la Savoie !) cette île se sent depuis Française et ne veut pas quitter le giron national. Lors de l'indépendance des Comores, elle a fait sécession et a confirmé lors de plusieurs referendums son attachement à notre pays avec des taux dépassant souvent les 90%. Elle a préféré devenir un département d'outre-mer plutôt qu'un territoire d'outre-mer, afin que les liens avec la métropole soient les plus forts possibles. Mayotte est presque aussi intégré que le département de l'Ardèche. Néanmoins le smic est plus bas ainsi que le RSA. Si ce dernier était le même qu'en métropole, il serait supérieur au revenu moyen d'un salarié du privé !

Mayotte est accablée de problèmes ; submergée par une immigration comorienne qu'on n'arrive pas à endiguer (près de 50% d'habitants sont clandestins), en proie à une anarchie qui fait honte à la France, son économie fonctionne mal, malgré un formidable taux de croissance de 9 % l'an. L'agriculture n'arrive pas à fournir la nourriture nécessaire qui est massivement importée et coûte 30% plus chère qu'en France. 50% des mahorais sont analphabètes en Français. 84% vivent en dessous du seuil de pauvreté. 45% des salariés appartiennent à la fonction publique, contre 20% en France. Les emplois privés sont en effet rares surtout que la croissance démographique est explosive. L'île est sous perfusion et elle s'effondrerait si la France cessait de la financer.

Or la gestion des 2600 agents de la fonction publique territoriale est selon la cour des comptes source de nombreux abus. Dans un département qui manque de tout, le personnel dévore 33 % du budget alors qu'il ne reste que 11% pour les nécessaires investissements. Le recrutement a été dans le passé massif et pas toujours basé sur la compétence (c'est un euphémisme), mais plutôt sur le clientélisme. Résultat : des agents sont inemployables, car sans aucune qualification. En plus, ils sont trop nombreux pour les tâches à effectuer d'où un important taux d'inoccupation et un fort absentéisme non justifié. Pourquoi aller au bureau s'il n'y a rien à faire ? Le temps de travail n'est que 33 h par semaine avec 4 jours de fêtes musulmanes supplémentaires et un aménagement des horaires pendant le ramadan. Les fonctionnaires disposent de 5 jours d'autorisation d'absence pour maladie grave du conjoint au lieu de 3 habituels, de 12 jours pour enfants malades au lieu de 6 et de 5 jours pour la circoncision d'un fils. Le département possède 169 véhicules entretenus par 50 agents dont seuls 2 sont mécaniciens. Beaucoup de voitures sont en panne, car il manque de pièces détachées. Les formations proposées aux fonctionnaires sont souvent folkloriques. Par exemple, on a proposé des stages de relaxation sophrologie qui ont coûté 12000 € de transport aérien. De plus les élus font aux frais de la Princesse nombre de séjours soi-disant de travail, mais qui ressemblent plus à des vacances. Bref une belle gabegie !

Les honteuses manipulations de l'Obs pour nier le grand remplacement : 19.04.2018

En s'appuyant sur les travaux d'un démographe, M. Hervé Bras, l'Obs a publié une vidéo où il présente 7 arguments dans le but de prouver que le grand remplacement est une chimère. Mais certaines des affirmations de l'Obs sont ridicules : constater qu'il n'y a qu'une mosquée pour 17 églises ou chapelles n'a aucun intérêt. Et surtout l'Obs appuie toute sa démonstration sur des chiffres fortement minorés et faux et une telle malhonnêteté intellectuelle est choquante, L'Obs prétend qu'il n'y a eu que 13 000 entrées annuelles pour regroupement familial. Or on trouve partout sur le net, y compris sur le site du *monde* qui est un journal « bien-pensant » qu'elles sont en fait 90 000 et non 13 000. La différence est énorme.

De même l'Obs affirme sans sourciller que seulement 3% des Français sont musulmans et qu'1 sur 3 seulement irait à la mosquée. Ce chiffre est contredit par tous ceux trouvés sur Internet : Wikipédia donne 7,4% de fidèles du Prophète et selon une étude publiée par Médiapart il y aurait 8,6 % de croyants en France et ils seraient 18,6% en 2050. De plus, dans une enquête portant sur 3 000 collégiens des Bouches-du-Rhône, 20% d'entre eux se proclament musulmans. M. Ménard, maire de Béziers a trouvé 43% de croyants dans une école de sa ville. Ce comptage lui a valu d'absurdes ennuis judiciaires. En fait, les fidèles du prophète et les originaires d'Afrique ne sont pas répartis uniformément sur tout notre territoire, mais regroupés dans ce qui ressemble de plus en plus à des ghettos. Ils sont d'ores et déjà majoritaires dans plusieurs villes et constituent 34% de la population la Seine saint Denis.

Selon l'Obs une petite moitié des étrangers vivant en France est d'origine européenne ou asiatique ce qui est vrai. Les femmes étrangères ont en moyenne 2,6 enfants contre 1,85 pour le reste de la population. Mais les étrangères originaires de l'Europe ou de l'Asie ayant un comportement semblable à celui des « Françaises de souche », les femmes originaires de l'Afrique auraient 3,5 enfants. Selon l'Obs, les descendants des immigrés à la deuxième génération ont un taux de fécondité de 1,86, chiffre étayé par aucune étude et donné sans preuves

Selon des études sérieuses (pas celles de l'Obs !) 12% de la population de l'Hexagone serait actuellement originaire d'Afrique. Ce nombre s'accroît de 150 000 immigrés clandestins ou légaux par an et de 200 000 bébés. Avec les décès, les « extra-européens » voient leur nombre augmenter de 300 000 par an. Les « français de souche » eux font 600 000 bébés par an, mais ce chiffre compense tout juste le nombre de décès tandis que l'immigration d'origine européenne équilibre les expatriations. Il faudrait donc 150 ans pour que les « non-européens » soient majoritaires en France si les flux restent les mêmes (ils changeront sans doute). Néanmoins, on peut affirmer qu'en 2050, ils représenteront 25% de la population. Ce n'est pas encore le « grand remplacement » cher à M. Renaud Camus, mais on s'en approche.

Le scandale de l'électricité verte ; 134 milliards extorqués aux Français : 20.04.2018

La cour des comptes vient de dévoiler, un vol honteux, une escroquerie qui a impacté tous les Français notamment les plus modestes. Pourtant, les médias n'en parlent pas ou peu, alors qu'il devrait faire les grands titres des journaux. Une telle mansuétude s'explique par l'escroquerie écologique car, ce qui est en cause est la gestion de l'électricité dite verte, une fumisterie qui ruine nos compatriotes, au nom de la lutte contre un réchauffement climatique dont les effets sont surévalués.

Ceux qui installent des éoliennes ou des panneaux solaires sont assurés d'un prix de revente supérieur au prix du marché et EDF est tenu d'acheter toute l'électricité produite même si elle n'en a pas besoin. Quiconque veut mettre des panneaux solaires sur son toit doit déposer une déclaration de travaux à la mairie, qui est acceptée presque toujours sauf si les bâtiments se trouvent dans des zones classées. Les éoliennes sont simplement tenues d'obtenir un permis de construire. Selon La cour des comptes, EDF s'est engagée à acheter pour 134 milliards d'euros de cette prétendue électricité verte sur 20 ans, soit près de 7 milliards par an. Et ce sont les Français qui financent cette dispendieuse folie par l'intermédiaire d'une taxe sur la consommation d'électricité qui ne cesse et, pour cause, de s'alourdir. Tout le monde paye, y compris nos compatriotes les plus modestes, une centaine d'euros par ménage et par an ! Effarant ! Et cette manne n'a pas servi à créer des emplois en France, car les panneaux solaires proviennent dans leur grande majorité de Chine et les éoliennes sont souvent allemandes. Nous enrichissons l'étranger, alors que notre commerce extérieur est gravement déficitaire.

Si encore ces 7 milliards annuels extorqués au Français étaient écologiquement utiles. Or il n'en est rien. Même si je pense que le réchauffement climatique sera plus faible que celui annoncé, il est normal que l'État veuille fermer des centrales thermiques et inciter à produire de l'électricité qui n'émette pas de CO_2. Simple principe de précautions tout à fait justifié. Mais la France n'est pas l'Allemagne. Avec nos centrales nucléaires, nous étions le pays d'Europe qui émettait le moins de CO_2 en produisant son électricité. Notre bilan carbone était exemplaire même si on ne peut nier le danger de fuites radioactives ou des accidents nucléaires comme celui qui a frappé le Japon. Qu'avions-nous besoin de faire appel à des filières dont le bilan écologique est mauvais ; en effet, fabriquer des panneaux solaires ou des éoliennes n'est pas très bon pour l'environnement. Et surtout qu'avions-nous besoin de subventionner la production d'une électricité superfétatoire. Certes, on a décidé en haut lieu de limiter la part du nucléaire à 50% (Pourquoi ce chiffre ? Pourquoi pas 60% ou 40 % ?), mais cette stratégie suicidaire est une erreur gravissime. Il aurait mieux valu continuer à exploiter à fond nos centrales (en prenant toutes les précautions possibles) afin de les rentabiliser au maximum et de jouir de notre avantage indéniable sur les autres nations. Serions-nous le pays le plus bête au monde ?

Le Premier Ministre a laissé comme marie du Havre 2,25 millions d'euros de factures impayées : 24.04.2018

Le Havre a été fondée en octobre 1517, par ordre de François 1ier, qui souhaitait créer un port pour protéger sa flotte de guerre. Notre Premier Ministre qui a été maire du Havre et président de la communauté urbaine de 2010 à 2017 a créé un comité pour fêter les 500 ans de sa ville et l'a doté de 20 millions d'euros, alors que le budget annuel du Havre est en 2018 de 336 millions d'euros. Il a donc dépensé 6% de ce dernier pour des fêtes qui ont été, paraît-il, réussies. Néanmoins, tout ou partie des sommes englouties par la commémoration auraient pu, peut-être, servir à financer des équipements plus utiles. En outre, des problèmes de paiement sont apparus. D'une part, du fait des attentats, la sécurité a entraîné un surcoût de 1,2 million d'euros qu'il faudra bien payer. En plus Artevia, l'entreprise choisie pour être producteur délégué de la fête vient de faire faillite (en janvier 2018) laissant une ardoise de 5 millions d'euros derrière elle et notamment une facture non réglée de 1,05 million d'euros qui concerne directement les commémorations.

Or Artevia n'aurait pas dû en principe avoir le marché. En effet, elle ne remplissait pas une des conditions demandées : elle n'avait pas un budget supérieur à 5 millions d'euros pendant 3 ans. La municipalité se défend en considérant le chiffre d'affaires total de toutes les entreprises sélectionnées, mais il semble qu'elle ait bien violé les règles du marché public qu'elle avait édictées. En outre, des alertes récurrentes sur la solidité de l'entreprise avaient été émises depuis 2011 et, en 2015, au moment du choix de ses partenaires, la mairie avait été avertie des fragilités d'Artevia, mais elle n'en a pas tenu compte. Le directeur d'Artevia a été mis en contact avec M. Philippe par l'intermédiaire de de M. Jacques Attali, qui a joué par la suite un grand rôle pour faciliter les contacts entre notre actuel Premier Ministre et le Président.

Le directeur de cabinet de M. Philippe se défend en affirmant que le marché était légal et surtout qu'Artevia était le moins cher et le mieux noté. C'est sans doute vrai et de toute façon une collectivité n'est pas responsable de la faillite d'un intermédiaire qu'il emploie. Bien que Médiapart et le Canard Enchaîné aient révélé l'affaire, aucun scandale n'éclatera et il n'y aura nulle poursuite judiciaire. Simplement, on peut considérer que M. Philippe a commis une erreur gênante dans l'administration de sa ville. Il est coutumier du fait : Capital avait déjà, à l'été 2017, passé au crible sa gestion du Havre et l'avait trouvée dispendieuse : nouvelle ligne de tram, réfection des quais, construction d'une piscine, d'une salle de spectacle et d'un nouveau stade ont fait souffrir les comptes et gonflé la dette (2900 € par Havrais). Les capacités d'autofinancement sont désormais réduites et sont même les plus faibles parmi les villes de plus de 100 000 habitants. M. Philippe n'a pas été nécessairement un bon maire. Saura-t-il mieux gérer la France ?

La France pourra-t-elle échapper à une forme d'apartheid ? : 03.05.2018

Dans ces colonnes, j'avais évoqué l'éventuelle « partition » de la France et la création de deux peuples, ce qui m'a valu nombre de réactions et même des menaces de mort.

Or le statut coranique que j'évoquais existe déjà sur le territoire de la République Française. Il est en vigueur à Mayotte, où les citoyens peuvent conserver un statut personnel et sont alors redevables de lois d'inspiration musulmane dans le domaine civil. Néanmoins, la polygamie et la procédure de répudiation, (qui remplace le divorce dans la charia) ont été abolis en 2008. Pour acquérir le statut commun (celui de tous les autres Français), les mahorais doivent spécifiquement en faire la demande. Celle-ci est irrévocable et engage les descendants. Dans un couple aux statuts différents, les enfants relèvent automatiquement du droit commun. Seuls les couples où les deux conjoints ont le statut coranique le lèguent à leurs enfants. Néanmoins, Mayotte est en proie au chaos juridique, car les lois prises lors de la départementalisation de l'île, sont ambiguës et peu claires et beaucoup de Mahorais ont perdu sans le savoir leur statut personnel. Or la population est attachée à ses coutumes et résiste à cette « normalisation ».

Mon idée était d'étendre, en la clarifiant et en l'améliorant, la législation propre à Mayotte, avec une nuance de taille : un musulman pourrait à tout moment changer de statut et l'adoption du droit commun ne serait plus irréversible. Si des justifiables ont tous le statut coranique, ils seraient jugés par un cadi suivant les lois musulmanes adoptées par le Parlement Français en s'inspirant de celles de Mayotte. Si un seul des plaignants est de statut commun, le code civil et les lois habituelles s'appliqueront. Contrairement à Mayotte, la polygamie pourrait être acceptée, mais avec des gardes fous.

Les domiciles devront être séparés et les allocations familiales versées aux mères uniquement.

Abordons un point délicat : un moyen permettrait une meilleure mise en place de ce statut, mais il est sulfureux. On peut (avec raison) le traiter de raciste et celui qui le soutient court le risque d'être condamné par les tribunaux pour incitation à la haine raciale. Il s'agirait de créer des nouvelles communes à statut particulier où les lois coraniques s'appliqueraient. Les plus extrémistes peuvent imaginer qu'on modifie la constitution du pays et que dans les zones musulmanes le hidjab et le niqab seraient autorisés alors qu'ils seraient purement et simplement interdits dans le reste du pays. Présenter et soutenir cette solution est choquant et révoltant, car les mots d'Apartheid, de ségrégation viennent immédiatement à l'esprit lorsqu'on l'évoque, même si contrairement à la raciste Afrique du Sud, la liberté d'installation serait totale et si un musulman pourrait habiter dans les zones communes s'il le souhaite. Pourtant, les faits sont têtus et même si personne n'organise cette séparation territoriale, ne va-t-elle pas s'installer spontanément dans les 20 ans qui viennent ? Ne voyons-nous pas dès maintenant les prémices de cette vivisection et cela en France, en Grande Bretagne, en Belgique ? La France échappera-t-elle à l'Apartheid qui la révulse tant ?

Où trouver 18 milliards pour compenser la taxe d'habitation ? : 10.05.2018

Le conseil constitutionnel ayant estimé que faire payer une taxe d'habitation à 20% de la population serait contraire au principe de l'égalité devant l'impôt, le gouvernement vient d'annoncer la suppression pour tous de cet impôt local. Or, il rapportait 18 milliards d'euros que l'État doit compenser intégralement. 10 milliards correspondant à la suppression de cette taxe pour 80% de la population ont déjà été budgétés et seraient, paraît-il, financés par des économies draconiennes dans les dépenses de l'État. Toutefois, le Pouvoir va diminuer la dotation annuelle des collectivités locales pour les obliger à compresser leur personnel ; il reprendra d'une main une partie de ce qu'il donnera.

Reste 8 milliards à trouver. Or le gouvernement jure qu'il n'augmentera pas les impôts et qu'il ne créera pas de nouvelles taxes locales. Une partie de cet argent (2,8 milliards) proviendra d'une surtaxe foncière sur les résidences secondaires et sur les logements vacants. Pour le reste, le Pouvoir envisage de donner aux communes la part de la taxe foncière qui va actuellement aux départements et de rétrocéder à ces derniers pour compenser une part de la TVA ou de la CSG. Les villages et les petites villes seraient gagnants lors de ce transfert mais pas les grandes villes. Il faudrait prévoir un fond pour dédommager les perdants. Cela coûterait 600 millions d'euros, montant acceptable, mais complexe à mettre en place. Autre solution : rétrocéder une fraction de la TVA aux communes, mais alors on se heurterait au principe de l'autonomie des collectivités locales, car le pourcentage de leurs ressources dont elles décident librement le taux, doit être supérieur à 60%.

Néanmoins, l'État se retrouve avec un trou de plus de 5 milliards à combler. Faire de nouvelles économies est impossible. Celles qui sont prévues relèvent parfois du vœu pieux et risquent fort de ne jamais être faites. La logique Macronienne voudrait que les nouveaux exemptés (les classes supérieures) règlent la facture, car Le Président ne leur a fait aucune promesse. On pourrait ainsi raboter plusieurs niches fiscales, parmi celles qui profitent aux contribuables les plus aisées. M. Darmanin, craignant le ras bol fiscal, a pris position contre cette solution ; néanmoins elle sera sans doute mise en œuvre d'une façon ou une autre. On peut aussi augmenter subrepticement les taxes sur l'essence, prétendument pour lutter contre le réchauffement climatique.

Le gouvernement compte aussi sur la révision (et l'augmentation qui en suivra) de la taxe foncière, car cette dernière se base pour les logements anciens sur des déclarations faites en 1970. Depuis des travaux ont pu augmenter le confort de ces logements. La moitié d'entre eux aurait ainsi une taxe foncière sous-évaluée. Cependant augmenter les impôts d'une partie des contribuables est toujours politiquement délicat.

Pour finir, en jouant sur plusieurs tableaux le gouvernement trouvera les milliards manquants, mais une chose est sûre : les Français paieront la note.

La croissance va-t-elle flancher en 2018 ? : 14.05.2018

M. Macron a été jusque-là un homme chanceux. Élu grâce à une conjonction extraordinaire des planètes, le début de son septennat a coïncidé avec une embellie de la croissance qui ne lui doit rien, car elle est générale en Europe. Or notre moteur économique se grippe quelque peu. Selon la banque de France, nous ne ferons que 0.3% de croissance au second trimestre, soit le même taux (décevant) qu'au 1^{ier} trimestre. L'INSEE, plus optimiste, prévoit de son côté 0,4% . Si la production industrielle a un peu accéléré en avril, le soufflé est retombé en mai, tandis que les services n'ont pas progressé ce trimestre comme le montre la diminution de l'intérim dans ce secteur. Le bâtiment a été dynamique en avril avant de s'étioler en mai. Les nombreux ponts de ce mois expliquent sans doute la stagnation de notre économie pendant le mois du muguet. Ce 0.3% si décevant serait donc dû à une cause accidentelle et non à un retournement de tendance. Tant l'INSEE, que la banque de France ou la commission européenne prédisent que nous ferons entre 1,9% et 2,1 % de croissance en 2018, soit autant qu'en

2017. Mais selon ces instituts, nous retomberons en 2019 et en 2020 dans l'ornière de la stagnation, car notre PIB ne croîtra plus que de 1,6%, chiffre qui ne permettra pas le recul du chômage, mais juste sa stabilisation. Or cette croissance décevante n'est même pas assurée, car les milieux économiques craignent un krach de grande ampleur (pire qu'en 1929) qui se produirait en 2019 et serait provoqué par les multiples créances douteuses. Déjà les autorités de régulation viennent d'interdire aux grandes banques françaises de trop s'exposer aux dettes des entreprises, car beaucoup d'entre elles sont menacées de faillite. Si ce scénario noir se produit, nous replongerons dans la crise comme en 2008 et notre PIB risque de se contacter en faisant exploser le chômage.

Le problème de notre pays ne vient pas de ces krachs périodiques qui sont inévitables sauf à quitter le système capitaliste (Mais pour le remplacer par quoi ? Le socialisme a fait la preuve de sa totale inefficacité). Nous sommes en réalité handicapés par la faiblesse de notre croissance entre 2 crises. Que notre PIB ne croisse que 2% à l'apogée des périodes de prospérité est insuffisant. Beaucoup de pays atteignent 3,2 % à 4% de croissance, ce qui les place régulièrement en situation de plein emploi. L'Angleterre, l'Allemagne et la moitié de l'UE ont en 2018 des taux de chômage proches de 5% ! En 45 ans, notre meilleur taux était supérieur à 7,5 %. Tout est dit lorsqu'on fait ce constat

M. Macron prétend avoir engagé des réformes pour booster notre croissance et pour nous permettre de rejoindre le peloton de tête de l'UE. Sa réforme du marché du travail a été cosmétique. La baisse de l'impôt sur les sociétés, bien que coûteuse pour les finances publiques sera sans doute plus efficace. Pour le reste, rien de notable a été fait. Rendez-vous en 2022 pour voir si le Président a gagné ou pas son pari.

M. Macron a-t-il supprimé le bon impôt ? : 15.05.2018

La suppression d'un impôt pour être intéressante pour l'État doit être efficace économiquement et générer un surcroît d'activité. Les suppressions les plus rentables sont celles qui se remboursent toutes seules. Par exemple, avec la disparition de l'ISF et l'établissement d'un forfait à 30% sur les revenus financiers, un grand nombre de « riches » resteront ou reviendront en France et ils paieront chez nous des taxes (TVA, impôts fonciers) qu'ils auraient acquittées sinon à l'étranger. Au total, ces prélèvements compenseront (en partie ou en totalité) le sacrifice financier consenti par la France.

Mais M. Macron, après avoir favorisé les classes les plus aisées, a souhaité supprimer un impôt qui touche les classes populaires et il a jeté son dévolu sur la taxe d'habitation. Ce choix lui a apporté sans doute des voix aux élections et lui a permis peut-être de devenir Président ; néanmoins on peut s'interroger sur la pertinence de sa décision. Certes, cette suppression profite à tous, propriétaires comme locataires (si on excepte les personnes âgées résidant dans les EPHADS), mais l'État ne récupérera qu'une toute petite partie de sa mise, par l'intermédiaire de la TVA, car l'argent ainsi redistribué sera immédiatement dépensé. C'est tout le problème de la relance par la consommation. Augmenter les revenus des Français se fait toujours à pertes (pour le budget).

Le cadeau de M. Macron coûtera 23 milliards aux caisses de l'État (le tiers du déficit !) et sera compensé sans doute par l'augmentation des impôts fonciers ou par des taxes sur l'essence. Or il aurait été sans doute plus judicieux d'alléger, voire de supprimer, un autre impôt : les frais de notaire.

Ceux-ci sont réglés lors de l'achat d'un logement et vont dans la poche des départements. M. Hollande a pendant son septennat, autorisé ceux-ci à augmenter ce prélèvement pour compenser les dérives du RSA. Du coup, le taux de cette taxe est devenu insupportable ; 12 000 € pour un achat de 150 000 € dans le département du Nord. Ce prélèvement dissuade les Français les plus modestes d'acheter. On estime à 4,5% le nombre de transactions qui ne sont pas conclues du fait de l'existence des frais de notaire. Mais dans la France périphérique, celle des petits bourgs isolés où le travail est rare ce taux atteint 20% ! Beaucoup de personnes sans emploi sont coincées dans une ville dépourvue de toute activité et ne peuvent déménager dans une région plus favorisée, car ils sont incapables de vendre leur logement faute d'acquéreurs.

Les frais de notaire rapportent 13 milliards d'euros et nous sommes le pays au monde où ils sont les plus élevés. Si on les diminuait sensiblement, on stimulerait les ventes et la mobilité. Et s'il a plus d'achats de maisons ou d'appartements, les frais de notaire rapporteront plus au point de combler une bonne part de ce qu'aura coûté l'allégement de ce prélèvement. Peut-être que dans le futur un gouvernement appliquera cette réforme ?

Et si on poussait la logique des « migrantophiles » jusqu'à ses derniers retranchements ? : 16.05.2018

Les « migrantophiles » vivent dans un monde à part où les règles du bon sens ont été abolies. Pour faire comprendre la distorsion de la réalité qui les affecte, je vais pousser leur logique jusqu'à la folie de ses derniers retranchements et chaque étape que je vais énoncer se déduit automatiquement de la précédente du moment qu'on accepte les 2 axiomes de base : « Un réfugié économique doit avoir les mêmes droits qu'un demandeur d'asile. » et « On croit sur parole un migrant dès qu'il se déclare mineur. » Même si les déductions peuvent vous sembler grotesques et risibles, elles sont pourtant logiques à partir du moment qu'on accepte les principes de départ précédemment énoncés et que tous les pro migrants ont adopté.

- Il est inhumain et indigne de renvoyer un étranger chez lui contre son gré.
- Tout migrant qui se prétend mineur (même s'il paraît avoir 40 ans) doit être cru sur parole et être pris en charge jusqu'à la date de son hypothétique majorité où il sera régularisé. Ne nous arrêtons pas aux 50 000 € par an et par personne que coûte cet accueil.
- Comme tout tri est moralement abject, et comme le voyage clandestin depuis le pays d'origine est dangereux (5% des migrants périssent en route ou sont réduits en esclavage), autorisons tous ceux qui le souhaitent, à venir chez nous légalement par avion. En outre, la France payera le voyage à quiconque le demande, pour ne pas créer une ségrégation par l'argent. Bien entendu, les nouveaux arrivés bénéficieront sans délais de carence des mêmes droits (RSA, CMU, ...) que les autres Français.
- Les immigrants économiques cherchent avant tout une existence et des revenus décents. Pourquoi leur imposerions-nous pour les obtenir un déracinement culturel qui est un déchirement et une souffrance ? Accordons donc à quiconque est demandeur les moyens de vivre dignement chez lui en lui versant le RSA (ou une autre allocation similaire) sans qu'il ait besoin de quitter son pays. Et pour que ceux qui choisiraient de rester chez eux ne pâtissent pas de cette décision, bâtissons à l'étranger hôpitaux, écoles, lycées et universités.
- Pour financer ces mesures indispensables et qui s'imposent à tous, il n'y aura pas d'autre choix que d'augmenter les impôts (TVA, CSG, impôt sur le revenu,

etc....). Tous les êtres humains étant frères et sœurs. Il faut égaliser les revenus entre les différents pays et baisser de manière drastique ceux des Occidentaux.

Si un migrantophile ne va pas jusqu'au bout de cette logique, s'il s'arrête en chemin, on peut lui faire un procès en hypocrisie et en pharisianisme. S'il y a tant de morts en mer, si les réfugiés prennent tant de risques, c'est parce qu'ils savent qu'ils seront à terme régularisés en France s'ils posent le pied sur notre sol. Insistons sur ce point : si on refuse de renvoyer des migrants économiques chez eux, si on est partisan de recevoir tout le monde, il est absolument immoral, ignoble, abject de sélectionner les 95% d'heureux élus par une loterie morbide.

La cour des comptes juge sévèrement le premier budget géré par M. Macron : 21.05.2018

La cour des comptes va sortir, le 23 mai, son rapport sur le budget 2017, mais *le Monde* a pris connaissance à l'avance de son contenu. Ce rapport juge férocement la politique du gouvernement sortant et les débuts du nouveau. M. Hollande et ses ministres, MM. Sapin et Eckert sont accusés d'insincérité, c'est-à-dire que leurs chiffres étaient faux et qu'ils camouflaient par des artifices comptables l'augmentation du déficit. M. Macron a hérité en mai 2017, d'un budget qu'il avait en partie préparé, bien qu'il eût démissionné avant son adoption par le parlement. Les dépenses avaient déjà été engagées, mais il avait tout loisir d'imprimer sa marque par un collectif budgétaire et une réorientation des crédits. Or, il n'a rien fait et la cour des comptes lui reproche d'avoir laissé les dépenses filer. Elles ont en effet augmenté de 4,8% ! (Progression la plus forte depuis 2007) : un chiffre énorme si on le compare à l'inflation qui stagne autour de 1%. En cas de gestion saine, un budget n'augmente pas plus que l'inflation.

Or le retour inespéré de la croissance est venu au secours de M. Macron, mais c'est la principale caractéristique de notre nouveau Président, être servi jusqu'à présent par une chance insolente. Le PIB a augmenté en 2017 de 2,3% le chiffre le plus fort depuis vingt ans, mais qui reste modeste si on le compare aux performances des autres nations européennes. Résultat : les recettes ont bondi de 5% permettant une toute petite baisse du déficit de l'ordre de 1,4 milliard. Une paille, car nous dépensons encore 67 milliards de plus que nous percevons. Nous ne couvrons que 80% de ce que dépensons, un déficit colossal, qu'il faudrait en principe éliminer, car la dette a atteint des sommets qu'elle ne peut plus dépasser. Comme les recettes ne sont pas extensibles, (Il est impossible de les augmenter de 20%, sauf à assommer les Français) la seule voie de salut consiste à comprimer sérieusement les dépenses et c'est ce que n'a pas fait le gouvernement de M. Macron. Certes, la croissance camoufle ces mauvais résultats : le déficit a baissé de 3,4% à 2,6% du PIB uniquement parce que celui-ci s'est accru. Pour la même raison, la dette représente 96,9% du PIB (chiffre qui est resté stable), mais elle n'est pas plus soutenable qu'autrefois et nous frisons toujours la faillite. Or celle-ci nous est interdite, car les pays qui se sont retrouvés dans cette situation (l'Argentine et la Grèce) avaient un excédent des finances publiques, hors service de la dette. Nous empruntons non pas pour rembourser ce que nous devons, mais pour finir nos fins de mois et si nous faisions défaut sur la dette, comme certains le préconisent, nous serions dans une situation épouvantable, car il nous manquerait 40 milliards par an, même si nous ne remboursions plus les intérêts des emprunts. M. Macron va-t-il enfin redresser la barre ? Va-t-il enfin faire 20 milliards d'économies ? Nous le verrons bientôt !

Comment le gouvernement spoliera les Français si le futur krach dérape : 23.05.2018

Une crise économique, dont l'ampleur sera au moins égale à celui de 2008, a 2 chances sur 3 de se produire en 2018 ou en 2019. Et il y a 1 chance sur 3 pour que ce krach soit tellement grave qu'il provoquera la faillite de la France et des pays Européens du Sud. Le pire heureusement n'est jamais sûr et qui sait ? M. Macron ira peut-être jusqu'au bout de son mandat sans connaître de problèmes majeurs, car des obstacles qui les années précédentes semblaient dangereux pour la stabilité économique ont été facilement surmontés. (Crise de l'euro, fragilité des systèmes bancaires en Italie en Grèce ou en Chine, masse trop importante des prêts étudiants aux USA) Néanmoins, la venue au pouvoir des populistes en Italie et l'ampleur des bulles spéculatives sont lourds de menaces et un krach peut désormais se produire du jour au lendemain.

Les taux des emprunts français sont actuellement au maximum de 1,3% (inférieurs à l'inflation). Certains à très court terme sont même négatifs (ils rapportent au trésor) mais ils risquent de monter en quelques semaines à 8% (voire 15% ou à 30%) obligeant le gouvernement à réagir brutalement, car au-dessus de 4 %, ils sont insoutenables. Nous ne pourrons pas faire défaut sur la dette, car nous sommes en déficit primaire. Hors remboursement des emprunts, nous dépensons 40 milliards de plus de ce que nous percevons. Le gouvernement préservera à tout prix l'euro, car l'union monétaire a été sans doute une grave erreur économique, mais il serait suicidaire de renoncer à elle, sauf à provoquer la ruine totale du pays. L'image la plus juste est celle des passagers d'un train lancé à toute vitesse et dont les freins viennent de lâcher. Il aurait été bien sûr préférable de ne pas l'emprunter, mais ceux qui sauteront commettront une folie, car ils se tueront. Il vaut mieux rester dans le convoi en priant pour qu'il ralentisse. Pour sauver notre pays, des solutions existent. Elles sont, certes, peu agréables, mais elles sauveront l'essentiel. Le gouvernement saisira 30% des assurances-vie et des livrets au-dessus de 20 000 €. Il récupérera ainsi 700 milliards qu'il utilisera auprès des banques pour se procurer des liquidités. Il fera ainsi redescendre la dette à 60% du PIB la rendant soutenable. On donnera en échange aux Français spoliés des titres (à 1% d'intérêt) qui ne seront remboursés que si la situation se rétablit. (Peut-être jamais). Cette mesure sera bien acceptée par la population, car elle touchera les « riches ». Si cette potion ne suffit pas, le gouvernement prendra une mesure bien plus impopulaire. Tous ses remboursements (dont la paye des fonctionnaires) se feront à 80% en euros et à 20% en reconnaissance de dettes cessibles, une « fausse monnaie » qui prendra très rapidement de sa valeur jusqu'à ce que sa valeur réelle tombe à 25% de celle de départ. Les Français seront obligés de s'en débarrasser très vite, ce qui stimulera l'économie. Grâce à une inflation à 20%, la crise se terminera rapidement, mais un grand nombre de Français seront appauvris.

Nouvel impôt sur les pauvres : le gouvernement veut-il taxer les ventes sur « le bon coin » ? : 25.05.2018

Le gouvernement traque tous les fraudeurs et veut les faire cracher au bassinet. Une catégorie d'«abominables» et d'« indécrottables » voleurs échappait jusqu'alors au fisc : ceux qui vendent sur *le bon coin* ou prennent des passagers avec *BlaBla Car*. Un projet de loi a donc été déposé. Les sites qui vendent ou proposent des services devront à partir de 2020 déclarer tous les gains de leurs utilisateurs, sous peine d'une amende de 50 000 €. Évidemment ils obéiront. Le pouvoir prétend que seuls les sites du type *Airbnb* sont visés par cette mesure, la lutte contre les logements loués aux touristes étant en effet devenue en quelques années une priorité nationale. Mais le gouvernement mentirait-il ? Sachant que les Français sont vent debout contre la taxation des ventes sur *le bon coin* chercherait-il à les endormir ? Car la loi bien entendu n'est pas nominative. Elle n'oblige pas tel ou tel site à déclarer ses utilisateurs, mais elle s'adresse à tous sans distinction. Aussi le *bon coin* ne sera pas épargné, d'autant plus qu'un certain nombre de particuliers se servent de lui pour écouler leur production ou vendre leurs marchandises sans payer aucune TVA, ce qui leur permet d'obtenir un revenu complémentaire souvent modeste. De même, on trouve sur ce site des « artisans » qui proposent leurs services et pratiquent en fait du travail au « noir ». Le *bon coin* est un élément essentiel de ce qu'on appelle l'économie informelle et il est pour cela dans le viseur du gouvernement. Les sénateurs ont bien essayé de protéger les « petits vendeurs » en proposant une franchise de 3000 € qui aurait mis à l'abri la plupart des utilisateurs du *bon coin*, mais cette mesure sera sans doute retoquée par l'assemblée nationale où LREM est majoritaire. Probablement il faudra à partir de 2020 rajouter à ses revenus le produit des ventes dès le premier euro. Et en principe vous devriez vous acquitter de la TVA (soit 20 %), mais comme vous l'avez déjà payée lors de l'achat et qu'en théorie vous pourriez récupérer cette dernière, vous serez peut-être dispensé de cette taxe, enfin il faut l'espérer.

En utilisant *BlaBla car*, un usager qui emmènent des passagers ne fait aucun bénéfice. Il n'a le droit de facturer qu'une part des frais (essence, usure de la voiture, péage). En principe donc, les sommes récoltées sur *BlaBla car* ne seront pas rajoutées à la déclaration de revenus, mais peut-être fera-ton payer la TVA sur celles-ci ?

68% des Français déclarent qu'ils n'utiliseront plus *le bon coin* ou *blabla car* si cette mesure était prise, ce qui à terme condamnera ces sites. Pourtant, faire du co-voiturage, recycler des vieux vêtements, vendre des meubles dont on a plus l'usage sont des gestes « écologiques » bien que ce terme soit souvent galvaudé. Qu'importe pour l'État : des « fraudeurs » impénitents seront sanctionnés et il ne voit pas plus loin que le bout de sa lorgnette.

M. Macron arrivera-t-il à réformer les aides sociales ? : 13.06.2018

M. Macron qui est de plus en plus perçu comme un homme de droite a émis une remarque qui va l'éloigner un peu plus de son flanc gauche. Avec son vocabulaire qu'il veut proche des gens simples (mais n'est-ce pas une forme de démagogie ?) il a fustigé le « pognon » « dingue » que coûtent les aides sociales sans endiguer la pauvreté. Sur le fond il a raison : la France est la championne du monde du transfert social et ceux qui sont en bas de la société y restent. L'aide sociale est une barrique sans fond où on déverse de l'argent sans jamais la remplir.

2/3 des allocataires du RSA sont vraiment dans la misère et elle est involontaire. On ne peut pas décemment laisser ces personnes sans moyens pour se loger, se nourrir et se chauffer. On peut bien sûr essayer de les remettre sur le marché du travail, mais c'est une œuvre de longue haleine et la moitié de cette catégorie d'allocataires du RSA est incapable de reprendre un emploi un jour. Le dernier tiers de ceux qui touchent le RSA est constitué de fainéants, tout à fait aptes à travailler, mais qui ne le veulent surtout pas. On peut trouver inadmissible leur attitude, mais pour ma part je l'accepte. Notre pays est suffisamment riche pour financer cette frange de la population. C'est une forme de revenu universel qui inéluctablement va se mettre en place dans tous les pays. Et si on voulait sévir contre ces paresseux, comment les distinguer des allocataires du RSA accablés par le sort ? À être trop sévère on risque de punir des personnes qui méritent d'être aidées. Et que ceux qui se plaignent que le RSA est trop élevé essayent de vivre avec ! Pour ma part, je ne tenterai pas l'expérience. Cependant, le législateur doit impérativement veiller à ce que celui qui travaille, même à temps partiel, touche plus que les allocataires du RSA lorsqu'on fait le compte de toutes les aides sans en omettre aucune et une réflexion doit être menée pour éviter les gaspillages.

Néanmoins, à mes yeux, le premier scandale est l'hérédité du statut de pauvre. Celle-ci est une conséquence de la nullité de l'école minée par le pédagogisme, la démagogie et un égalitarisme qui ne profite qu'aux bobos. Quand je faisais mes études, on me serinait : « Donne-toi à fond si tu ne veux pas finir sur les chantiers comme ton père. » Maintenant, on susurre : « Ce n'est pas de ta faute si tu ne réussis pas, car tu es pauvre. » Ce type de discours décourage les élèves de travailler à l'école.

L'immigration mal contrôlée est le second scandale. En comptant les familles de clandestins régularisées après coup, 200 000 personnes viennent s'installer chez nous alors qu'ils ne devraient être que 50 000 (les véritables réfugiés). La 1^{ière} année le chômage est de 90% chez les immigrés avant de baisser de 20% par an. Or quelqu'un qui ne travaille pas coûte à la France 20 000 € par an. (minima sociaux, APL, sécurité sociale à 100%) Si on avait renvoyé tous les clandestins chez eux (mais pas les vrais demandeurs d'asile) nous aurions économisé au moins 12 milliards en 2018.

Faut-il imposer du bénévolat aux bénéficiaires du RSA ? : 17.06.2018

En 2016, le conseil général du Haut Rhin avait pris un décret pour imposer à tous les bénéficiaires du RSA de faire 7 h de bénévolat par semaine dans une association. Cette mesure devait être appliquée à partir de 2017, mais la décision du conseil général a provoqué l'indignation des associations venant au secours des personnes précaires. Le préfet s'en est mêlé. Il a demandé à la justice de bloquer l'arrêté ce que cette dernière a fait dans un premier temps et cette décision a été confirmée en appel. Le conseil général s'est obstiné et pour finir le conseil d'état la plus haute autorité en matière de justice administrative vient de lui donner raison et a cassé l'arrêt de la cour administrative d'appel. Il a ordonné une nouvelle délibération et a considéré que si un contrat entre le département et si le bénéficiaire du RSA est conclu d'une manière personnalisée, il peut prévoir légalement des actions de bénévolat du moment que ce « travail » contribue à l'insertion professionnelle du bénéficiaire et ne soit pas un obstacle à la recherche d'emploi. Or c'est justement la politique du conseil général du Haut Rhin qui a renoncé à imposer à tous le bénévolat d'une manière indifférenciée, mais a entrepris de signer une série d'accords personnels avec les allocataires.

Faire travailler dans une structure bénévole les allocataires du RSA présente un double bénéfice : d'une part, le bénéficiaire reprend confiance en lui en effectuant une tâche adaptée à ses possibilités, il acquiert une expérience qui lui servira éventuellement à décrocher un emploi et il pourra, dans tous les cas, en faire état sur son CV. D'autre part, les associations reçoivent une aide précieuse. 7 h par semaine, 28 h par mois est une durée adaptée. Pour 540 euros par mois (montrant du RSA pour une personne seule) on peut demander au maximum 54 h de travail mensuel.

Il y a plusieurs catégories d'allocataires du RSA : la majorité d'entre eux sont des personnes qui ont perdu pied, des naufragés de la vie qui méritent d'être aidés. D'autres dont le nombre est difficilement quantifiable sont des paresseux qui ne veulent rien faire et se contentent de peu. Enfin quelques-uns travaillent au noir et touchent le RSA comme complément de revenus.

Néanmoins une révolution salutaire reviendrait à transformer le RSA un droit au travail : on répertorierait un grand nombre de tâches (ramassages des papiers dans les rues, aides aux devoirs, aides aux associations, toute tâche utile ou valorisante, …) que l'on rémunérerait 10 € l'heure sans verser aucune charge à l'URSAFF. L'exemple de L'Allemagne avec des tâches à 1 € de l'heure n'est pas à suivre). Les personnes démunies demanderaient à la mairie de leur commune de leur attribuer ces travaux qui seraient un droit dans des limites précises (au maximum 65 heures par mois). Néanmoins, parmi les bénéficiaires des minima sociaux, beaucoup sont tellement perturbés qu'ils sont incapables d'occuper un emploi, même simple. Il faudrait donc examiner la situation de chacun, continuer à attribuer le RSA à ceux qui en ont besoin, mais d'autres, capables de se prendre en charge, seraient obligés de travailler pour la collectivité pour gagner le minimum leur permettant de vivre.

Votre Sainteté : faisons des enfants plutôt que d'accueillir des réfugiés économiques : 20.06.2018

Le pape François vient de déclarer que devant l'hiver démographique qui menace l'Europe, celle-ci n'avait pas d'autre choix que d'ouvrir en grand ses frontières. Malgré tout le respect qu'on doit au Saint-Père son analyse est totalement erronée. Un réfugié économique ne se transforme pas en travailleur immédiatement après son arrivée, ni même dans un délai raisonnable. Manquant de qualification, parlant mal la langue, beaucoup d'entre eux vivent pendant de nombreuses années de charité publique. Ouvrir nos frontières ne résoudrait absolument pas notre problème (véritable) de main-d'œuvre et ne servirait qu'à nous appauvrir. M. Douglas Murray, dans son livre remarquable sur le suicide de l'Europe, estime que les réfugiés ont coûté 184 milliards d'euros à la Grande Bretagne en 10 ans. Les chiffres doivent être les mêmes de part et d'autre de la Manche, mais ils sont sans doute plus proches de 12 milliards que de 18. En effet, un migrant sans travail coûte en moyenne 20 000 € par an (Selon l'INSEE : 600€ par mois de minima sociaux, 500 € d'APL par mois, 400 € mensuel de sécurité sociale et de mutuelle, plus le coût des écoles pour les enfants) De plus, depuis 10 ans, 150 000 immigrés non européens sont admis chaque année en France. 90% sont au chômage la première année. Ce chiffre diminue de 20% par an jusqu'à un minimum de 30%, donc depuis 2008 nous avons introduit en France 600 000 personnes qui ne travaillent pas et que nous devons aider, soit un total de 12 milliards d'euros pour l'accueil des immigrés. Si on divisait par 2 le nombre de migrants, si on refoulait réellement les réfugiés économiques, on pourrait facilement économiser 6 milliards par an dont 1 milliard servirait à une aide substantielle au retour. Car, si on accorde à un migrant une pension de 1000 € par an pendant 10 ans s'il retourne dans son pays, il aurait alors un niveau de vie supérieur à ses compatriotes. Si des villages se cotisent pour envoyer l'un d'entre eux en Europe, fusse au péril de sa vie, c'est parce que les 200 €, que leur « délégué » leur enverra chaque mois même s'il ne touche que le RSA, feront vivre au moins 50 personnes. La situation actuelle n'a absolument aucun sens économique.

Les 5 derniers milliards économisés permettraient une politique généreuse d'aide à la natalité. La Pologne l'a fait et depuis deux ans le nombre de naissances augmente sensiblement. En France nous devrions revenir sur la baisse de l'allocation familiale, augmenter le quotient familial à 2500 euros en prenant comme principe (constitutionnel) qu'un enfant doit avoir le même niveau de vie que ses parents. Il faut arrêter à tout prix cette politique qui consiste à restreindre les familles « aisées » afin d'amener une illusoire égalité entre enfants. Une politique nataliste n'est pas une politique « fasciste ». Revenir à 2,1 enfants par femme (pas plus, l'expansion démographique doit appartenir au passé) tout en se montrant intransigeant sur l'immigration, tout en aidant l'Afrique à se développer et à contrôler sa natalité débridée est la seule solution qui soit à la fois éthique et économiquement soutenable. Non, très Saint-Père, ouvrir grand nos frontières est une impasse totale ! Ne commettons pas cette folie. Et même si la natalité reste à 1,7 ou 1,8 enfant par femme, si la population décroît légèrement, ce n'est nullement un drame. Cette solution est infiniment préférable à une ouverture totale des frontières du moment que l'on offre à l'Afrique une alternative crédible aux envois de fonds par les immigrés.

Qui est responsable des 35 000 noyades de migrants ? : 21.06.2018

Une centaine de réfugiés dont 3 bébés viennent de se noyer au large de la Lybie. C'est un drame épouvantable et choquant auquel personne ne peut rester insensible. Et on doit se demander qui est responsable de cette tragédie et comme éviter qu'elle ne se reproduise dans le futur.

Il y a quelques jours, une association pro migrants a déversé des gilets de sauvetage, un par sénateur, devant le Palais du Luxembourg. Pour elle, les parlementaires qui étudiaient la loi *asile et immigration* étaient à l'origine, en n'ouvrant pas grand les vannes de l'immigration, de l'hécatombe de migrants (35 000 noyades !) Les coupables sont-ils les gouvernements occidentaux ? Oui, d'une certaine façon, car ils refoulent tout migrant arrivant par les airs, se présentant à un poste-frontière en Thrace ou débarquant d'un bateau qui n'a pas effectué de sauvetage en mer. Comme les réfugiés ne peuvent pas entrer officiellement dans l'UE, ils sont « obligés » de forcer la porte arrière de la forteresse *Europe* en tentant une traversée dangereuse et en achetant cher auprès de passeurs cyniques leur place dans une barque pourrie. Ils dépensent bien plus que le prix du billet d'avion qu'ils acquerraient, si l'accès à notre continent était libre. Mais comment faire autrement ? Si on ne refoulait personne à Orly ou à Roissy, s'il suffisait de débarquer d'un avion et d'être aussitôt admis à rester dans l'Hexagone le temps que la demande d'asile soit examinée, nous aurions alors un appel d'air comme en a connu l'Allemagne en 2015. En 6 mois un million de personnes, en un an 2 millions de migrants, viendraient chez nous. Nous serions incapables de recevoir tous ces réfugiés et nous serions sans doute très vite obligés de rétablir des contrôles.

Si les pouvoirs publics sont coupables, sont-ils les seuls ? Les associations pro-migrants n'ont-elles pas elles aussi une part de responsabilité dans cet holocauste ? Si les migrants dits « économiques » n'avaient aucune chance de voir leur demande aboutir, s'ils étaient certains d'être refoulés, tenteraient-ils la traversée si dangereuse ? Non bien sûr ! C'est parce qu'ils savent que 90% des clandestins finissent par être régularisés qu'ils risquent leur vie ; les *pro migrants* qui font traverser les Alpes aux demandeurs d'asile, qui contrecarrent la justice par tous les moyens même illégaux, qui empêchent toute loi un peu sévère d'être adoptée permettent à l'immense majorité des migrants économiques d'être régularisés et les incitent par ricochet à prendre des risques insensés. Les *pro migrants* sont donc, en partie responsables du carnage dans les mers, même si leurs intentions sont louables et humanitaires.

Comment alors faire cesser cet abominable massacre ? La meilleure solution est celle qu'ont évoquée les dirigeants européens au dernier sommet européen : créons des camps en Tunisie, en Algérie, en Lybie, confortables, gérés par la croix rouge, où tout le monde pourra se présenter, où les migrants recueillis en mer et tous ceux qui ont débarqué en Grèce, en Espagne ou en Italie seraient systématiquement conduits. Leur situation sera étudiée avec humanité. On admettra bien sûr tous les vrais demandeurs d'asile, mais pourquoi pas y rajouter quelques réfugiés économiques selon des quotas à définir ? Accordons également aux refoulés une aide au retour. Voilà la seule solution humaine qui permettra de faire cesser l'hécatombe vu qu'il sera inutile de risquer sa vie en mer. Si les *pro migrants* s'opposent à ce plan, ils seront alors entièrement responsables des futurs noyés. N'oublions pas : un migrant coûte 20 000 € par an pendant au moins 10 ans avant qu'il ne s'intègre. Une pension annuelle de 1000 € confère à un réfugié rapatrié dans son pays d'origine un niveau de vie supérieur au salaire minimal !

La cour des comptes s'interroge : M. Macron bluffe-t-il quand il prétend supprimer le déficit en 2022 ? : 27.06.2018

Comme chaque année, la cour des comptes dirigée par M. Migaud a rendu son verdict sur le budget de la France avec impartialité et compétence. Pour elle, si le déficit est miraculeusement passé en 2017 en dessous des 3% du PIB (une première depuis 10 ans !), c'est uniquement parce que la croissance a atteint un taux inespéré de 2,3% (qui est cependant modeste si on regarde les performances des autres États de l'UE). Mais déjà la croissance flanche, car elle a été assommée par la hausse des impôts décidée en début d'année par M. Macron (CSG, taxes sur les carburants). Celle-ci n'est pas encore compensée par les baisses des cotisations sociales et par celle d'un tiers de la taxe d'habitation, qui se mettront en place en octobre et en novembre 2018. Néanmoins, l'objectif de 2,3% de déficit pour l'année 2018 semble atteignable. Il faudra sans doute couper 3 à 4 milliards dans les dépenses, ce que sait faire tout bon gestionnaire, même si ces coups de ciseaux ressemblent souvent à la cavalerie financière, car on reporte les dépenses à l'année suivante, déplaçant en fait le problème. Mais pour 2019,2020,2021 et 2022, la cour des comptes affiche un franc scepticisme : l'exécutif a promis en effet d'être en excédent en 2022, ce qui serait une première depuis 50 ans ! Or les hypothèses de croissance retenues par le pouvoir sont optimistes (c'est un euphémiste !), car le miracle de 2017 ne se reproduira pas. M. Macron malgré son agitation brouillonne et ses pseudos réformes n'a pas transformé la France et notre croissance restera sans doute anémique comme elle l'est depuis le passage aux affaires de M. Jospin et les fameuses 35 h qu'il a imposées. Pire, les crises sont cycliques et se produisent en moyenne tous les 7 ans. Or la dernière date de 2008-2009. Les sages savent très bien qu'un krach majeur risque de gâcher le quinquennat de M. Macron. Tout dépendra alors de la gravité de ce coup de tabac, mais que le déficit augmente brutalement de 2 à 3 % est malheureusement une hypothèse dont il faut tenir compte. En outre, le Président poussé par le conseil constitutionnel a annoncé la fin de la taxe d'habitation pour tous, sauf pour les résidences secondaires. Cela coûtera 7 à 8 milliards de plus qui n'ont absolument pas été budgétés. S'y rajoutent les 1, 5 milliards de l'*exit tax*, instaurée par M. Sarkozy et que M. Macron a biffée d'un trait de plume alors que cette suppression n'incitera aucun « riche » (les fameux premiers de cordée !) à rester dans l'Hexagone, bien au contraire. Enfin, le Pouvoir compte (naïvement ?) sur les collectivités locales pour obtenir des excédents qui combleront le déficit de l'État. (Lui est encore prévu dans le rouge en 2022 !) Or les maires, les Présidents de Région et de Conseils Généraux préféreront investir ou diminuer les impôts plutôt que d'aller au secours du budget de la nation. Ils sont, grâce à la constitution, autonomes et personne ne peut les obliger à suivre les directives de Paris. Le budget en équilibre en 2022 n'est que de la propagande grossière, comme l'a été l'inversion de la courbe du chômage de M. Hollande et les faits se chargeront vite de la démentir !

La prime pour les enseignants des quartiers difficiles sera-t-elle distribuée au mérite ? 08.07.2018

Les enseignants chevronnés fuient les quartiers difficiles et les REP+. (réseaux d'éducation prioritaire renforcés, l'éducation nationale adorant les sigles et les abréviations) Dès qu'ils ont un nombre de points suffisants, ils s'empressent de demander des établissements plus calmes et plus faciles. Résultat : les REP+ connaissent un turnover impressionnant et comptent beaucoup trop de novices dans leurs encadrements. Pour briser cette fatalité, la gauche avait déjà mis en place une prime de 2456 €. M. Macron a dans son programme promis 3000 € supplémentaires pour les 41 000 enseignants et les 4700 personnels administratifs et d'encadrement des REP+ ; les assistants d'éducation, les accompagnants d'élèves en situation de handicap, sont pour l'instant écartés de cette manne à la grande fureur des syndicats.

5456 € de primes supplémentaires peuvent motiver certains enseignants, mais la majorité d'entre eux (voire la grande majorité !) continueront à fuir dès qu'ils le pourront. Un professeur qui fait face à un cours agité éprouve un sentiment d'horreur et d'inutilité. Maintenir un semblant d'ordre, vivre dans un bruit perpétuel est usant au point que 25% des nouveaux certifiés (chiffre approximatif, les vrais sont soigneusement cachés par le Pouvoir) démissionnent et préfèrent le RSA à un salaire de 1400 € mensuel en début de carrière et de 3000 € à la fin. Les professeurs votent avec leurs pieds et l'argent ne fait pas tout.

Les poches de l'État étant vides, M. Macron va verser 1000 € seulement dans un premier temps. Pour les 2000 € restants, il parle d'en donner une part au mérite. Plus un enseignant sera déclaré bon, plus son salaire sera élevé. Mais sur quel critère va-t-on s'appuyer pour départager les professeurs ? Sur les rapports des inspecteurs ? Quand on voit les petits arrangements qui ponctuent l'avancement et le passage à la hors classe des différents grades on ne peut être qu'inquiet. En effet sont trop souvent promus les conjoints ou les amis personnels d'inspecteurs, les enseignants qui acceptent d'effectuer une partie du travail de l'inspecteur ou les professeurs qui ne font rien dans leur classe, mais sont les rois de « l'esbroufe » et des soi-disant « nouvelles » pédagogies. Ceux qui utilisent les anciennes méthodes si efficaces, ceux qui ne pensent qu'à faire progresser réellement leurs élèves, ceux qui veulent les extraire de l'analphabétisme, sont méprisés, mal notés et dépassés par des collègues qui se moquent de savoir si leurs ouailles savent lire ou pas mais qui réalisent de jolies expositions si prisées des inspecteurs. Ces derniers n'aiment que le « paraître » aux dépens du fond. Cette voie est inquiétante, mais les autres ne valent guère mieux. Tenir compte des résultats des élèves, faire un test au début de l'année scolaire un autre à la fin et mesurer les progrès serait pire. L'État de New-York a tenté l'expérience avec pour résultat une triche monumentale, les professeurs soufflant les bonnes réponses à leurs élèves ! En Grande Bretagne, on a demandé aux enseignants de s'auto-évaluer : 96% se sont estimés très bons et dignes d'être augmentés. Les 4% restants étant sûrement des masochistes. Non le mieux serait de renoncer à cette idée de prime au mérité et de donner 2000 € à tous. Cependant l'idéal serait de rétablir l'ordre dans les classes par tous les moyens y compris en mettant en jeu les allocations familiales. Les enseignants ne cherchent pas nécessairement des bons élèves, mais des « apprenants » calmes qui écoutent.

Le gouvernement va réajuster à la baisse les chiffres de la croissance : 01.08.2018

M. Bruno Lemaire le ministre de l'économie va diminuer la perspective de croissance pour 2018. Jusqu'alors, elle était fixée à 2% dans la droite ligne de la modeste performance de 2017 (2,2 %). Mais depuis le PIB de notre pays n'a augmenté que de 0,2% au premier et au second trimestre et le FMI et la banque de France ne prévoient plus qu'une expansion de 1,7% à 1,8% c'est-à-dire des chiffres faibles, mais habituels pour la France. L'effet de M. Macron n'aurait-il duré qu'un an ? Même pas ! Il n'était pas à l'origine de la performance de 2017 (performance est un mot exagéré !), car son prédécesseur M. Hollande était au pouvoir jusqu'en mai et a préparé le budget. Plus que M. Macron, l'ancien président doit être crédité de ce miraculeux et désormais unique 2,2%.

Mais atteindrons-nous 1,7% ? M. Waechter économiste renommé de Natixis ne prévoit que 1,5 % ! L'acquis de croissance, c'est-à-dire l'expansion que nous connaîtrions si nous avions un taux nul à chaque trimestre de 2018 et qui est la suite de la modeste performance de 2017, est de 1,3%. Si M. Waechter a raison, nous serions à nouveau englués dans une forme de stagnation et sans doute pour plusieurs années.

M. Lemaire va bien sûr choisir 1,8 % puisque le ministre de l'économie se doit d'être optimiste. Cette prévision servira surtout à ajuster le budget. En principe le gouvernement devrait geler 5 à 6 milliards de crédits pour tenir le déficit annoncé ou du moins ne pas dépasser à nouveau les 3% du P.I.B. Mais nos finances ont un allié de poids : l'inflation qui flambe à nouveau. Alors qu'elle a été nulle ou presque pendant 5 ans, elle a atteint le niveau record de 2,3% ! Ce qui veut dire plus de TVA qui rentre dans les caisses de l'État, plus de taxes sur l'essence et le gas-oil (car la hausse vertigineuse du pétrole explique en grande partie cette résurgence de l'inflation). En outre les salaires augmentent (enfin ceux du privé) ce qui est voudra dire plus d'impôts sur le revenu en 2019 (2018 est une année blanche). Grâce à cela le gouvernement contrôlera le déficit et a de grandes chances de le maintenir en dessous de 3% en 2018 et en 2019. Mais l'inflation aura un effet récessif qui diminuera encore la croissance : les fonctionnaires ne sont plus augmentés ou presque. Leurs salaires relatifs diminuent d'année en année. Or ils sont 6,5 millions. Les gains salariaux des salariés du public sont mangés par la hausse des prix. En conséquence, la consommation déjà éprouvée va bientôt s'effondrer. Elle a résisté jusqu'alors, car les Français ont puisé dans leur bas de laine, mais cela ne durera pas. Notre économie risque d'être prise dans un cercle vicieux dont elle aura du mal à s'extraire. Pendant ce temps, aux USA M. Trump obtient une croissance à 4,1% et le chômage est au plus bas depuis 48 ans, mais cette relance est obtenue en laissant flamber le déficit à plus de 4,4% du PIB. Heureusement, la planche à billets américaine va tourner et créer suffisamment de billets verts pour payer les dettes. Nous ne pouvons pas en faire autant du fait de l'euro !

Le pire est que les prévisions que je viens de faire sont optimistes : en effet, il y a une chance sur 2 pour qu'une violente récession éclate en 2019. Que Dieu alors sauve la France.

Initiative de l'INSEE : M. Macron envisage-t-il de voler les propriétaires occupants ? : 02.08.2018

Le gouvernement est toujours à la recherche de nouvelles ressources fiscales et n'aime pas l'immobilier qu'il accuse de beaucoup de maux, notamment de détourner les Français de la bourse. M. Macron avait démenti pendant la campagne électorale une rumeur qui l'accusait de vouloir imposer les loyers fictifs, c'est-à-dire de taxer les loyers que se verserait un propriétaire pour occuper son propre logement. Cette mesure serait bien entendu inique. Vous vous saignez aux quatre veines pour acquérir une maison. Une fois payée, vous devriez acquitter des impôts entre 17,2% et 47,2 % sur une somme importante que vous ne touchez pas, car si elle existait vous vous la paieriez à vous-même ! Une pure idiotie que seuls de soi-disant experts économiques sont capables d'imaginer, mais qui rapporterait en moyenne plus de 10 milliards d'euros au budget, les dix millions de propriétaires ayant fini de rembourser leurs emprunts étant taxés en moyenne à 31% sur une somme de 3500 euros. Évidemment, une telle manne tomberait à pic pour renflouer des finances mises à mal par la suppression de la taxe d'habitation.

Quelques mois après l'installation du nouveau gouvernement, *France stratégie* un organisme dont on se demande si le but n'est pas de chercher les meilleurs moyens pour voler les Français et qui dépend du Premier ministre avait proposé avec enthousiasme d'introduire cette baliverne en prétextant qu'elle serait morale et ferait rendre gorge à d'affreux fraudeurs. M. Philippe avait tancé ses imprudents conseillers et avait juré que, jamais on ne taxerait les loyers fictifs. Patatras, l'INSEE va désormais les prendre en compte pour soi-disant, avoir une idée plus juste du coût du logement en France. Ce dernier passerait par ce tour de passe-passe de 19% des revenus à 24 %, mais encore une fois, l'office des statistiques mesure le vide, car les loyers fictifs ne sont jamais versés et ne sont donc pas de l'argent dépensé. Alors pourquoi les introduire dans les calculs de l'INSEE ? Cette prise en compte n'a aucun sens ! À moins que le Pouvoir n'essaye par ce biais d'habituer les Français à cette idée ? Car spolier les propriétaires occupants est une mesure qui serait dans la droite ligne de la politique Macronienne. Le Président n'aime pas les classes moyennes et les retraités et souhaite les taxer au maximum. Il n'a pris aucune mesure pour ces catégories sociales, bien au contraire. Et pour M. Macron, plutôt qu'acheter un logement, les Français devraient placer leurs économies dans la bourse où ils risquent pourtant de se faire plumer. En effet, même dans les périodes où les actions montent, beaucoup trop de banques ont l'art de refiler aux clients lambda les produits qui baissent et de réserver les actifs performants à leurs clients les plus riches. Pour ces dernières, il faut donc beaucoup de pigeons pour enrichir les seconds et il n'en a sans doute pas assez.

Le gouvernement prétend éliminer le déficit. Il aura beaucoup de mal à réaliser cet objectif. Et plutôt que de diminuer les dépenses, il préférera sans doute augmenter les impôts poursuivant ainsi la politique de M. Hollande. Les dix milliards que rapporterait la taxation des loyers fictifs risquent donc d'être trop tentants et cette mesure inique a de grandes chances d'être mise tôt ou tard en place.

La politique économique de M. Macron est-elle en train d'échouer ? 03.08.2018

M. Macron, qui jusqu'alors était servi par une chance insolente, vient de subir ses premiers revers dans le domaine économique et ce sont des décisions prises par son gouvernement qui induisent ces déconvenues. En effet, la croissance a fortement ralenti à 0.2% (au lieu de 0.7% au premier trimestre 2017). Si notre P.I.B croîtra si tout va bien de 1,9%, en 2018, les 2/3 de ce chiffre (médiocre) sera la conséquence de notre croissance de 2017 qui est due en grande partie à M. Hollande. Or, le ralentissement constaté résulte de l'augmentation des impôts décidés par le gouvernement Philippe. Certes, le pouvoir clame *Ubi et Orbi* qu'il a baissé les prélèvements fiscaux, mais c'est faux (sauf pour 1% des Français, les plus riches). La baisse des cotisations sociales se faisant en deux temps, celle de janvier a à peine compensé l'explosion de la CSG pour les salariés du privé. Mais une grosse moitié de Français, qui sont soit indépendants, soit retraités, soit fonctionnaires ont vu leur pouvoir d'achat sévèrement amputé et ont donc restreint leurs achats. En outre, les taxes sur l'essence ont considérablement augmenté et ont eu un fort effet récessif. Le pouvoir a cyniquement caché cette spoliation des classes populaires et moyennes en prétendant contre toute vraisemblance qu'il s'agissait d'un impôt écologique, comme si ce type de prélèvement faisait moins mal au portefeuille parce qu'il est prétendument vert. Comble de malheur, le prix du pétrole s'est envolé suite à la décision de M. Trump de se retirer du traité avec l'Iran, amenant l'essence à des sommets inconnus. (provisoires malheureusement, ils risquent d'être bientôt dépassés).

La langueur économique va sans doute durer jusqu'au dernier trimestre 2018. La suppression des cotisations sociales en octobre 2018 et la baisse d'un tiers de la taxe d'habitation en novembre 2018 redonneront un coup de fouet à la consommation, mais cet effet bénéfique sera malheureusement de courte durée. Car en janvier le prélèvement à la source va se mettre en place. Or ce mécanisme aura un indiscutable effet récessif, car la moitié de nos compatriotes ne payaient leur premier tiers qu'à la fin mars et ils devront régler leur impôt sur le revenu avec deux mois d'avance. Mais surtout, on ne tiendra pas compte des déductions d'impôts (Frais de garde des enfants, Emploi à domicile, … ce qui obligera des millions de Français de faire des avances de trésorerie à l'État dont le montant total s'élèvera sans doute à plusieurs milliards d'euros. Nos compatriotes ne récupéreront ces sommes que fin septembre 2019 et ils se serreront donc la ceinture les 3 premiers trimestres de l'an prochain, faisant plonger la consommation et la croissance.

Le taux de chômage, qui a bizarrement chuté de 0.8% il y a six mois, a aussi inexplicablement augmenté de 0.3% le trimestre suivant, jetant un doute sur ces statistiques. M. Macron, qui se vantait de faire descendre le taux de sans-emploi à 7%, aura bien du mal à ne pas dépasser les 9% même si aucun krach ne se produit en 2019. L'effet Macron est déjà fini et nous sommes retombés dans notre ornière habituelle. Or le pire est à0 venir : une nouvelle crise économique, sans doute plus terrible que celle de 1929 ou celle de 2008, va probablement éclater en 2019.

Notre redevance enrichit-elle les passeurs ? : 16.08.2019

Sos Méditerranée et son navire phare l'Aquarius est une organisation ambiguë. Elle sauve de nombreuses vies humaines, car les esquifs où s'entassent les migrants seraient incapables de gagner l'Italie. Le nombre de morts (3500 en 2017) prouve que l'association remplit un vide et à moins d'être un salaud on ne peut pas souhaiter que des enfants, des femmes ou des hommes se noient.

Mais d'un autre côté, SOS méditerranée encourage (et surtout enrichit !) les passeurs. Le Président Macron a accusé, avec justesse, un autre bateau sauveteur d'être complice des trafiquants d'êtres humains. Si nous étions cyniques, nous avancerions que s'il n'y avait aucun bateau pour recueillir les migrants, les passeurs cesseraient vite leur odieux trafic, car ils ne trouveraient plus personne pour monter dans leurs barques, mais après combien de morts ? Cette voie est donc à écarter. Néanmoins, l'Europe a mis fin à sa mission humanitaire qu'elle a menée en 2015 et en 2016, car du fait de la présence de bâtiments de guerre, le nombre de voyages en mer augmentaient et le nombre de noyades explosait. Sos méditerranée a pris le relais quand cette opération a pris fin.

La solution pour concilier respect de la vie humaine et fermeté contre l'immigration économique serait une politique inspirée par celle de l'Australie. En échange d'une aide économique substantielle, il faudrait créer des camps tout confort en Tunisie et en Lybie. Comme ces camps seraient gérées par la croix rouge, la Lybie redeviendra un pays sûr. L'Aquarius n'aura plus le droit d'accoster en Europe, mais au Maghreb où les personnes recueillies en mer seront prises en charge. Il en sera de même pour toutes les personnes qui auront gagné l'Espagne ou la Grèce. Elles seront rapatriées en Afrique du Nord. Tous les migrants présenteront dans ces camps leur demande d'asile. On fera le tri entre les personnes qui fuient la guerre ou la dictature (Soudanais, Érythréens, Éthiopiens…) qui seront répartis ensuite en Europe et les réfugiés économiques qui seront renvoyés chez eux. On pourrait même reprendre l'opération Mare Nostrum pour décharger Sos Méditerranée de sa mission.

Cette organisation vit de dons et elle vient de rendre publics ses comptes pour 2017. Parmi les généreux donateurs on trouve une région (l'Occitanie) une ville (Paris !) Une banque (BNP Paribas) mais aussi des télévisions, des radios et des journaux : Amaury médias (l'équipe TV), Canal +, M6, NRJ, Virgin, Europe 1, Radio, TF1 Sciences et vies, Chasse et pêches. Ceux-ci sont des organismes privés et ils font ce qu'ils veulent de leur argent. Ils n'ont de compte à rendre qu'à leurs actionnaires et si des auditeurs les désapprouvent, ils peuvent toujours les boycotter en représailles.

Bien plus problématiques sont de mystérieux dons en nature non valorisés provenant de France 2, France 3, RMC, BFM buisseness, Radio France et Skyrock. Que signifie un don en nature ? Pourquoi cette distinction étrange et non chiffrée ? Parce qu'un don en numéraire serait illégal et impliquerait peut-être des poursuites judiciaires pour abus de biens sociaux (néanmoins, je ne pense pas qu'une telle qualification serait retenue par la justice mais sait-on jamais ?) ? Ou s'agit-il de contreparties payantes en échange des nombreux reportages effectués par les rédactions sur l'Aquarius ? France 2 France 3,

Radio France sont des entreprises publiques financées par la redevance et la publicité. En principe, elles n'ont pas le droit d'aider une association qui certes poursuit un but noble, mais qui pour finir se fait complice de criminels (Selon M. Macron lui-même !) Il y a donc une anomalie qu'il faut corriger rapidement ou du moins éclaircir pour 2017 et 2018.

Des ponts vont-ils s'effondrer en France ? : 17.08.2018

Quand une catastrophe se produit, éclate aussitôt une polémique sur ses origines et sur le thème « Aurions-nous pu l'éviter ? ». Le pont de Gênes ne déroge pas à cette habitude. Les thèses sur son effondrement fleurissent : on incrimine la conception. Ce viaduc est en effet suspendu, mais sans câbles qui étaient remplacés par du béton précontraint, c'est-à-dire qu'on lui interdisait de bouger par des moyens mécaniques. Ce type de construction est-il sûr ? Certains l'incriminent d'autres aussi catégoriques que les premiers prennent sa défense. A-t-on négligé d'entretenir le viaduc ? Y-a-t-il eu de micro fissures dues à l'infiltration d'eau ? L'enquête le dira peut-être, car rien n'est plus difficile de reconstituer le passé.

Le gouvernement de coalition a lui trouvé son coupable : la compagnie concessionnaire. Il parle de casser les contrats qui la lient à l'état au risque de devoir verser une indemnité de 25 milliards d'euros qu'il sera sans doute obligé de payer s'il persiste dans son idée, même si des fautes seront par la suite imputée à la compagnie concessionnaire. En désignant un bouc émissaire, le mouvement cinq étoiles doit surtout faire oublier son opposition virulente au contournement de Gênes. Il a mené ce combat en se gaussant de la fable de l'effondrement du viaduc. Les faits sont cruels pour le mouvement de Pepe Grillo.

Et en France ? Est-on à l'abri d'une telle catastrophe ? Selon un rapport non rendu public et cité par *Sud-Ouest*, 7% des 12000 ponts que compte le réseau autoroutier non concédé (celui qui appartient donc à l'État et compte 12 000 km) sont menacés à terme d'effondrement ! 30% sont à réparer. La dégradation des chaussées et des ouvrages d'art est jugée préoccupante. Si rien n'est fait dans 19 ans en 2037, 62% des chaussées seront en très mauvais état, contre 17% en 2016.

Les fonds manquent. Les restrictions budgétaires incessantes ont fortement réduit les capitaux nécessaires pour les réparations sans compter que le réseau autoroutier n'a cessé de s'étendre. On a des capitaux pour construire de nouvelles voies rapides, mais on ne prévoit rien ou presque pour les maintenir en bon état.

Doit-on craindre pour autant une catastrophe telle que le pont Morandini ? Le cas de ce viaduc est sans doute exceptionnel. Il est probablement le résultat d'une série de circonstances improbables. En tout cas aucun ouvrage d'art en France n'est bâti comme le pont de Gênes qui s'est écroulé d'un coup sans prévenir. En général, il existe des signes précurseurs que les inspections fréquentes détectent, enfin on l'espère. Il est difficile d'avoir des certitudes dans ce domaine, mais on peut espérer qu'une catastrophe semblable à celle qui a frappé la capitale de la Ligurie ne se produira pas chez nous.

Assurance-vie : veut-on une nouvelle fois spolier les classes moyennes ? : 23.08.2018

Les classes moyennes effrayées par M. Mélenchon et Mme le Pen ont voté massivement pour M. Macron. Mais ce dernier semble les détester et ne cesse de mettre en avant diverses manières de les spolier.

Après avoir essayé d'imposer en vain la fin du quotient familial, M. Macron s'intéresse aux 1600 milliards de l'assurance-vie et son ministre M. Lemaire prépare des mesures pour détourner les Français des fonds euros et les obliger à se tourner vers des unités de compte risquées qui financeront l'industrie grâce à la bourse. Dans le schéma proposé, les entreprises recueilleront des fonds par des émissions d'actions, sommes qu'elles ne rembourseront pas contrairement aux emprunts, ce qui boostera leur rendement. Économiquement, l'idée et est censée. L'ennui est que celui qui acceptera cette réorientation de son épargne perdra une partie considérable de sa mise. Si un capital placé en bourse lors de la fondation du Cac 40 en 1988 a depuis augmenté de 3.,6% hors inflation (pas mal mais pas mieux que les SCPI !), le CAC 40 était déjà au niveau actuel de 5000 pts, en janvier 2000. Si vous y avez placé 10000 euros en janvier 2000 sans jamais plus y toucher, vous n'avez plus en euros constants que 7674 € ! Une perte considérable et qui va sans doute exploser, car il y aura un krach d'au moins 25 % en 2018, en 2019 ou, en 2020. En 2000 et 2018, le CAC 40 a joué aux montagnes russes : il a touché un sommet de 6950 pts en septembre 2000 avant de redescendre à 2900 en 2003 et en 2009, avec un pic intermédiaire entre ces 2 baisses de 6000 pts. Mais en fait les pertes des particuliers sont pires que celles que je viens d'annoncer : avec l'assurance-vie ils doivent passer par l'intermédiaire des banques. Celles-ci ont plusieurs sicav dont seules quelques-unes sont réservées à leurs clients les plus riches. Pour attirer ces derniers, les établissements bancaires « tricheraient ». Ils « s'arrangeraient » pour que les sicav des plus fortunés aient toujours des gains en faisant systématiquement racheter leurs actions baissières par leurs sicav lambda. Si bien que, lorsque le Cac 40 gagne 4% en 2016, votre conseiller vous expliquera que l'année a été difficile et que vos placements ont perdu 5% en valeur. (Authentique !). Les entreprises délivrent des dividendes en moyenne 3%, mais les banques les perçoivent à votre place en prélevant justement 3 % de frais de fonctionnement !

Aucun père de famille soucieux de l'avenir des siens n'investira donc son assurance-vie en fonds actions. Tous préféreront les fonds euros (garantis eux) même s'ils ne rapportent plus que 1,8% par an pour une inflation de 1.3% (Ce taux baissera en 2018 avant de remonter en 2019). M. Lemaire prépare des mauvais coups contre les fonds euros (et donc contre les classes moyennes). Il songe à diminuer la protection qu'ils offrent et à moduler la rentabilité suivant les années de détention. Et si cela ne marche pas qui sait s'il n'interdira pas à une assurance-vie d'être investie à 100% en fond euros ?

M. Macron va-t-il vraiment rendre 6 milliards aux Français ? : 24.08.2018

Un gouvernement en difficulté dans les sondages prétend toujours qu'il est mal compris et qu'il va faire preuve de « pédagogie », en fait, mentir aux Français en arrangeant la vérité. M. Macron est dans cet état d'esprit. Il a enfin pris conscience qu'une nouvelle baisse du pouvoir d'achat, en 2019, intervenant après celles de 2017 et 2018, serait une grave menace économique. Celles de 2017 et 2018 résultent d'une part d'un rebond de l'inflation qui culmine à 2,3% (un inédit depuis 10 ans) et qui ne sera pas compensée par une hausse des revenus (sauf pour les smicards). D'autre part, le Pouvoir a augmenté la CSG et les taxes sur l'énergie, mais les baisses censées compenser ces alourdissements de charges ne sont pas entrées encore en vigueur : la diminution des cotisations sociales n'aura lieu qu'en octobre et celle de la taxe d'habitation qu'en novembre.

M. Macron prétend qu'en 2019, il rendra 6 milliards d'euros aux Français. La réalité est beaucoup plus sombre et ce bilan est gonflé à l'hélium. D'abord pour arriver à ces 6 milliards il additionne les baisses de 2018 et de 2019 et écarte les hausses de 2018. Ensuite, il sous-estime le poids croissant des taxes sur l'énergie. Or, du fait de la crise iranienne le prix du pétrole va encore monter entraînant la TVA sur les carburants à sa suite. L'augmentation probable de 20 % du prix du baril de Brent coûtera 2 milliards aux Français, soit un 1/3 des baisses prévues. En outre, la baisse de la taxe d'habitation ne sera compensée qu'en partie par l'État qui exigera plutôt des coupes dans les dépenses des communes. Celles-ci étranglées financièrement seront alors obligées d'augmenter la taxe foncière et cela dès 2019. On récupérera d'une main ce qu'on donne de l'autre. En outre, le budget 2019 est difficile à concevoir, car on transforme cette année le CICE en baisse de cotisations. Ce tour de passe-passe budgétaire sera neutre pour les entreprises, mais nous coûtera 20 milliards d'euros et induira une augmentation (provisoire) de 0.9% de notre déficit. Celui-ci risque fort de repasser au-dessus des 3% du PIB. Aussi, lorsque tous les arbitrages seront rendus, attendons-nous à une série de mauvaises surprises qui diminueront d'autant le montant avancé de 6 milliards de baisses d'impôts.

En outre, un choc fiscal pour être efficace doit consister à un transfert d'argent de l'État aux contribuables. Or les 6 milliards sont pris dans la poche des retraités et des cadres supérieurs pour être donnés aux actifs. Il n'y aura donc aucun rebond de la consommation, car si certains dépenseront plus, les autres restreindront leurs achats. Cela n'aura aucun effet sur l'économie française. En outre, quand un contribuable a l'illusion que sa situation personnelle s'améliore, il dépense plus et fait moins d'économies. Mais l'inflation va démoraliser les ménages et surtout l'entrée en vigueur du prélèvement à la source aura un effet récessif. Même si c'est faux, les Français auront l'impression de gagner moins et restreindront leurs achats.

Enfin et surtout, la petite baisse des prélèvements que nous constaterons peut-être en 2019, constituera une goutte d'eau face aux augmentations précédentes. En 6 ans, les Français ont été assommés fiscalement. On a extorqué aux Français entre 2011 et 2017 près de 50 milliards de plus d'impôts sur un montant total de 420 milliards. Et tous les gouvernements sont coupables, ceux de M. Sarkozy comme ceux de M. Hollande et de M. Macron. On comprend mieux pourquoi nous sommes l'homme malade de l'Europe et pourquoi notre croissance est atone.

Va-t-on compenser la suppression de la taxe d'habitation par la Tva ou la taxe foncière ? : 26.08.2018

Le gouvernement avait prévu dans un premier temps de supprimer la taxe d'habitation pour seulement 80% des Français. Il n'aurait eu alors que 10 milliards à combler, somme importante certes, mais qu'on aurait pu facilement trouver en obligeant les collectivités locales à faire des économies, en augmentant la taxe foncière et la taxe d'habitation pour ceux qui n'auraient pas exempté. Mais le scénario prévu par M. Macron a dérapé : le conseil constitutionnel a déclaré qu'un impôt qui ne s'adresserait qu'à un Français sur 5 n'était pas légal, car sa base serait trop étroite et le Pouvoir a dû se résoudre à supprimer la taxe d'habitation pour tous les contribuables. Tout au plus, les possesseurs de résidences secondaires ne seront pas concernés par cette mesure et subiront une augmentation sensible de leur taxe foncière qui rapportera 2,3 milliards au trésor. Il reste 19,4 milliards à trouver, chiffre énorme. C'est presque le tiers du déficit actuel et il est impossible de compter sur d'hypothétiques économies pour boucher le trou ainsi créé. L'état réfléchit à des solutions pour se tirer d'affaire : il envisage de rétrocéder 12% de la TVA soit directement aux communes soit aux départements, eux-mêmes donneraient leur part de taxes foncières aux municipalités. En effet, selon la constitution, les collectivités locales doivent avoir des ressources propres et ne peuvent pas dépendre des dotations de l'État.

En fin de compte, les 19,4 milliards de perte seront supportés par le budget général. Comment combler ce trou en période de disette budgétaire ? Le pouvoir refuse de créer de nouveaux impôts et il n'instaura pas une nouvelle taxe locale à la place de l'ancienne. Il ne jouera que sur le niveau des anciens prélèvements. Il n'a guère le choix : il ne peut pas augmenter d'un tiers l'impôt sur le revenu donc il laissera la taxe foncière exploser tout en plaçant quelques garde-fous et surtout il augmentera la TVA. Si elle passait de 20% à 22% le tour serait joué. Néanmoins, jouer avec les taxes sur la consommation n'est pas sans risque. Augmenter la TVA est indiscutablement récessif et nuira à la croissance. C'est une arme de dernier recours qu'on utilise lorsque aucune autre solution n'est possible.

Le gouvernement n'a donc le choix qu'entre des mauvaises solutions. Son erreur fondamentale est de supprimer la taxe d'habitation. Cet impôt est logique et utile et aucune raison économique ne justifie de l'effacer. Le Pouvoir prétend qu'il est injuste, car ses bases n'ont pas évolué depuis 1970. Il suffisait de réviser celles-ci et pour éviter les mauvaises surprises de lisser sur 10 ans les éventuelles augmentations, les rendant ainsi invisibles. Il est encore temps de le faire : on ne reviendrait pas sur la diminution d'un tiers de la taxe d'habitation, mais on renoncerait aux suivantes et on moderniserait la taxe d'habitation. M. Macron aura-t-il le courage politique de se renier ? On peut en douter et notre pays paiera le prix de sa démagogie.

M. Macron va dépouiller les familles et les personnes âgées et donner une partie du butin aux salariés : 26.08.2018

Après un premier hold-up en 2018 sur les personnes âgées M. Macron récidive et recommence ses rapines en 2019. En effet, les pensions ne seront augmentées que de 0.3% au lieu de 2.3% ce qui revient à les baisser de 2 % ! Un senior ne touchant qu'une retraite moyenne de 1376 € par mois perdra donc sur un an 330 € auxquels il faut rajouter 400 € de nouvelles taxes sur l'énergie et retrancher 250 € de gain sur la taxe d'habitation soit une perte totale de 480 €. Elle était de 450 € en 2018 : 300 € de CSG , 400 € de taxes sur l'énergie avec pour seule compensation 250 € de baisse de taxe d'habitation. Nos vieux seront donc une nouvelle fois sacrifiés par M. Macron mais en plus le pouvoir montre le plus parfait mépris à leur égard. C'est tout juste s'il ne leur interdit pas de protester ! Ils ne sont considérés que comme des vaches à lait et, pourtant leurs revenus sont faibles. Mais le pire est à venir en 2019, avec la réforme des retraites. Avec un gouvernement aussi insensible, on peut être sûr que 80% des salariés vont perdre au change, malgré la propagande du pouvoir qui va essayer de faire prendre des vessies pour des lanternes

Autres victimes du racket de M. Macron : les familles qui elles aussi subiront de plein fouet la revalorisation de 0.3% alors que l'inflation est de 2,3 %. Pour faire passer la pilule, le pouvoir met cyniquement en avant que les ménages les plus aisés garderont des allocations, alors qu'une suppression totale pour les classes moyennes supérieures aurait été un non-sens économique et éthique et aurait provoqué une nouvelle baisse de la natalité.

Seuls gagnants en septembre 2019, les salariés faisant des heures supplémentaires, qui verront les cotisations sociales sur ces dernières disparaître. Un smigard faisant 6 heures supplémentaires par mois gagnera certes 50 € en 2019 (200 €

en 2020) auxquels il faudra rajouter 250 € sur la taxe d'habitation mais s'il a deux enfants, il perdra 45 € sur les allocations familiales et 400 € de taxes sur l'énergie (électricité, essence, gasoil). Le bilan sera donc pour lui négatif de 300 €.

On peut en outre s'attendre à une flambée de l'impôt foncier, car le gouvernement ne prévoit absolument rien pour compenser la baisse de taxe d'habitation et surtout n'a pas les moyens de la prendre en charge. Résultat les communes feront flamber la taxe foncière, (iront-elles jusqu'à doubler le montant dans certains cas ?) décourageant les investisseurs et provoquant pour finir une pénurie de logements.

En 2019, tous les Français perdront de l'argent. Cette nouvelle ponction aura des effets délétères sur la croissance déjà atone. Les dégâts politiques seront également importants. Les personnes âgées qui ont fait gagner M. Macron en le choisissant aux dépens de M. Fillon et de Mme le Pen vont se détourner d'en Marche. Mais le pouvoir enfermé dans son arrogance et dans son aveuglement ne voit pas la colère qui gronde. Vivement 2022 qu'on licencie M. Macron !

Le cynisme sans nom du gouvernement :28.08.2018

Sur internet circule un dessin : on y voit un couple de personnes âgées qui se lamente. L'épouse gémit « Avec la baisse de nos pensions, nous n'aurions bientôt plus assez pour vivre » gémit l'épouse « Ne t'inquiète pas, M. Macron va bientôt légaliser l'euthanasie ! » rétorque le mari. Cette blague cynique résume, je trouve la politique du gouvernement qui n'a rien à proposer à nos aînés et les considère comme des « inutiles » et des vaches à lait qu'on méprise et qu'on insulte s'ils osent protester. Non seulement le gouvernement vole les seniors, car les pensions ne seront revalorisées que de 0,3% en 2019 et en 2020 alors que l'inflation est prévue à 1,7%, mais en outre, M. Lemaire ministre de l'économie a le front de prétendre qu'on ne dépouille pas les retraités et qu'au contraire le Pouvoir les traite bien, car on augmente faiblement les pensions. Il va bientôt se vanter de ne pas avoir baissé les retraites. M. Lemaire avance sans rires que le dégrèvement de la taxe d'habitation compensera la perte sur les pensions ce qui est un mensonge éhonté. Le patron des députés LREM M. Ferrand voyant que les réactions sont franchement négatives et qui a peur d'une déroute aux européennes, a sorti en catastrophe un plan B. 0.3% sera l'augmentation moyenne. Elle serait plus importante pour les petites pensions et plus faible (voire nulle) pour celles qui sont moyennes. Il présente les seniors qui toucheraient 4000 € par mois comme d'affreux nantis qu'on peut taxer à volonté. La tactique du bouc émissaire a encore de beaux jours devant elle.

Tout cela sent l'improvisation et la panique d'un gouvernement incapable qui ne maîtrise plus rien et qui est aux abois. Il vit d'expédients et de rapines depuis que la croissance a à nouveau fléchi. Il pensait naïvement que le miraculeux 2,3% de 2017 se reproduirait. Il n'en a rien été, car le « génial » (je plaisante) M. Macron a commis la même erreur que M. Hollande. Il a assommé le pays par des hausses d'impôts injustifiés, mais contrairement à son prédécesseur, il ne les assume pas et prétend contre toute vraisemblance qu'il a baissé les prélèvements fiscaux. Or 50% de population a perdu du pouvoir d'achat avec la CSG et les taxes nouvelles sur l'énergie que personne n'a contestées vu qu'elles étaient qualifiées de vertes et d'écologiques ont volé en moyenne 400 € par famille et par an. C'est énorme ! Et cette saignée se reproduira chaque année, diminuant d'autant la croissance pourtant si fragile en France. Non le Pouvoir est arrogant et hors sol ! Comment peut-on affirmer sans être mort de rire que M. Hulot qui quitte le navire avant le naufrage total va le regretter au vu du bilan final ?

L'erreur fondamentale et dramatique de M. Macron vient de la suppression en 2018 de l'impôt sur la fortune et l'instauration la même année du prélèvement à 30% sur les revenus financiers. Ils n'ont pas provoqué de boom sur la consommation, car ceux qui ont gagné du pouvoir d'achat par ces mesures (Il s'agissait de sommes importantes) n'ont pas dépensé plus mais ont thésaurisé. Si ces suppressions de taxes d'un montant total de 7 milliards étaient légitimes pour encourager les « premiers de cordée » à se fixer dans notre pays, sans doute, aurait-il mieux valu étaler ce dégrèvement d'un tiers chaque année comme pour la taxe d'habitation. Les comptes auraient été équilibrés sans besoin d'assommer les Français et le choc de confiance provoqué par l'élimination de ces taxes sur les « riches » aurait été exactement le même. Malheureusement, le gouvernement a choisi la voie du chômage et de la faible croissance.

Le Prélèvement à la source aurait-il provoqué des bugs en série ? 02.09.2018

La gestion de M. Macron est calamiteuse. Elle rappelle désormais celle de M. Hollande. Le prélèvement à la source est l'illustration du naufrage du pouvoir. Alors que le Président et ses ministres juraient que tout était prêt, que selon la formule malheureuse du Premier ministre de Napoléon III en 1870 « il ne manquait pas un bouton de guêtre », une expérimentation vient de prouver que de nombreux bugs sont à craindre: contribuables débités plusieurs fois, mélange entre homonymes,… On compterait 1% d'erreurs ce qui fera, si cela se confirme les gros titres des journaux et provoquera l'indignation de l'opinion publique. Bien sûr M. Damnarmin prétend que ces bugs ont été depuis corrigés. Mais peut-on le croire, lui qui affirmait avant ces expérimentations que tout était au point et sans erreurs ?

Le gouvernement est tombé dans un piège qu'il s'est lui-même tendu. Il pouvait lorsqu'il est arrivé au pouvoir abandonner cette réforme absurde, du fait de la structure de notre impôt sur le revenu. On nous a donné comme argument pour le justifier que beaucoup de pays ont adopté ce dispositif. Mais dans ces états les conjoints payent séparément leurs impôts contrairement à l'Hexagone. Il n'y a pas non plus comme chez nous de multiples déductions fiscales (pour le travail à domicile, pour les lois Pinel, Duflot de Robien...). Plaquer un modèle étranger à notre réalité est un non-sens économique. M. Macron hésite à aller jusqu'au bout, car les députés LREM lui ont fait remonter les multiples interventions d'électeurs qui seraient obligés de faire de lourdes avances à l'état, notamment dans l'immobilier. Il en serait de même pour l'emploi de domicile, surtout pour ceux qui engagent une nounou ou une femme de ménage en 2019. Ils ne seraient remboursés qu'en juillet 2020 ! La réforme aura donc un effet récessif indéniable, un prélèvement de plusieurs milliards qui serait certes remboursé aux contribuables, mais dont le retard de paiement aura des répercussions importantes sur une croissance entrée en agonie. D'autre part, même chez ceux qui n'ont droit à aucune déduction, voir sa fiche de payé amputée aura un effet psychologique désastreux, immérité certes mais indéniable. Les contribuables risquent de restreindre de ce fait leur consommation.

Que va-t-il se passer ? Le gouvernement s'est mis lui-même dans un piège mortel. Pourquoi M. Macron a-t-il fait état publiquement de ses doutes ? C'est, de sa part, la preuve d'un amateurisme inquiétant et une faute politique particulièrement grave. Il était ministre de l'économie quand cette réforme a été votée. Il savait dès le départ ses inconvénients et il ne les découvre pas aujourd'hui. Et s'il doutait de son opportunité, pourquoi n'a-t-il pas demandé en secret à ses ministres une nouvelle analyse. Pourquoi n'a-t-il pas décidé en petit comité, si on continuait dans cette voie ou si on changeait le dispositif pour un autre sans laisser le débat s'instaurer dans la presse. Là le Président doute publiquement, son ministre du budget jure que la réforme va se faire avant de dire que peut être non on va renoncer. Un désastre complet au point de vue de la communication qui rappelle les heures sombres du Hollandisme !

Et ensuite que faire ? Il est impossible de renoncer totalement à la réforme, car le Parlement a déclaré 2018 année blanche et le conseil constitutionnel interdira de la taxer à nouveau, car le contribuable serait pris à contre-pied. Sans doute va-t-on vers une mensualisation sur la base de l'imposition de 2017, ce qui aurait dû être fait depuis le début et était la solution logique au vu de la structure de notre impôt sur le revenu. Mais comme2018 ne sera pas imposé, la mensualisation se fera sur les revenus de 2019, avec une rectification en juin 2020 ! Encore une complication inutile !

L'U.E supprime les droits de douane sur les panneaux solaires chinois :03.09.2018

L'illusion de l'électricité verte est toujours forte dans l'union européenne, alors qu'elle a régressé ailleurs dans le monde. Les chinois par exemple ont limité l'installation de nouveaux panneaux chez eux, car cette électricité, dont le prix certes diminue est incertaine. Elle est maximale en cas de grand soleil, faible si le temps est couvert et nulle la nuit. Or il n'existe pas jusqu'à présent de moyen de stocker cette énergie de façon à réguler sa production et la rendre constante. On y arrivera sans doute dans un futur proche : Tesla propose des accumulateurs relativement bon marché, mais qui n'agissent qu'au niveau d'une maison. La solution viendra sans doute de la production d'hydrogène pour stocker l'excès d'ensoleillement.

L'hydrogène remplacera avantageusement l'essence comme combustible des véhicules et a sans doute un plus grand avenir que les voitures électriques. En tout cas pour l'instant nombre de pays régulent et limitent l'électricité d'origine solaire, car son afflux et son reflux sont ingérables si la quantité produite est trop importante.

La décision chinoise de limiter l'installation des panneaux chez eux, a entraîné une surproduction estimée à 30 gigawatts et l'Empire du Milieu cherche donc de toute urgence des pays étrangers où écouler son surplus. L'U.E encore sous équipée et dont le marché est estimé à 7 gigawatts vole au secours des Chinois au détriment de ses producteurs. Pour protéger ces derniers, un prix minimum d'abord élevé avait été instauré en 2012 suite à une réclamation du lobby des producteurs de panneaux. Les pays étrangers devaient vendre au-dessus de ce prix ou subir une surtaxe douanière de 67%. Le prix minimum a été progressivement abaissé et il vient d'être totalement aboli. Nous allons donc être inondés de panneaux chinois, vendus peut-être en dessous de leur prix de revient et qui sont de toute façon bien moins chers que les produits locaux. Notre industrie de fabrication de panneaux solaires va faire faillite et disparaître. Elle va essayer de faire pression, voire de demander l'intervention de la cour de justice européenne, mais ses efforts seront sans doute vains. L'Europe n'a rien obtenu (ni même demandé !) en échange. Son seul but est d'abaisser au plus bas le prix de panneaux solaires. Elle a cédé pour cela aux appels des installateurs qui réclamait la fin de la taxation à corps et à cris. Cela deviendra intéressant d'équiper toutes les maisons, les usines, voire les voitures.

Est-ce bien d'un point de vue écologique ? La production de ces panneaux a un bilan CO_2 négatif et pour finir si on fait l'addition totale, le bilan vert est plus que médiocre, mais cela fait bien dans les statistiques et c'est la mode de lutter contre les énergie fossiles. Dans 50 ou 100 ans quand on s'apercevra que le réchauffement climatique a été largement surestimé, que la planète ne s'est pas embrasée, les historiens du futur riront de notre naïveté et de nos craintes. Au fond nous sommes comme les gaulois ; nous ne craignons qu'une chose : que le ciel nous tombe sur la tête.

Fake-news en séries sur le climat : que fait le ministère de la vérité de M. Macron ? : 08.09.2018

M. Macron veut instituer un contrôle des informations pour ne laisser passer que celles que lui et ses serviteurs jugeront conformes à la « vérité ». Cependant, il existe un domaine où il n'interviendra jamais et où, pourtant les fausses nouvelles pullulent : le réchauffement climatique. En une semaine, nous avons appris que des glaces millénaires se fissuraient au large du Groënland, que le climat était sur le point de s'emballer et qu'en 2100, les températures monteraient non pas de 2°, mais de 5°, que 700 « spécialistes » ordonnaient au gouvernement Français de prendre des mesures contre le réchauffement climatique, bref on nous prédit une apocalypse de feu et un enfer sur Terre.

« Repentez-vous mes frères, car vous avez péché. ». Voilà les sermons que prononçaient jadis les prêtres et les moines. Avec la peur de châtiments terribles après la mort, ils maintenaient le peuple dans une terreur sacrée. La propagande anti réchauffement est exactement du même ordre. Nous devons expier nos fautes passées, culpabiliser au maximum et vivre dans la peur de lendemains épouvantables.

Or une série de nouvelles certifiées par des organismes officiels viennent de tomber contredisant les « âneries » qui font régulièrement les unes des médias. La NOAA est un organisme qui dépend de la NASA et qui indique les températures relevées par satellite. Celles-ci sont les seules mesures qui ne soient pas rectifiées ; d'autres prises au niveau de la mer sont « truquées » par les réchauffistes qui leur rajoutent 0.5 ° pour une raison dépourvue de tout fondement scientifique. Or selon la NOAA, malgré une « canicule » en été sur l'Europe de L'Ouest et du Nord, nous sommes en net repli par rapport à 2016, 2017, 2015, années très chaudes où nous avons connu un phénomène El Nino. En 2018, l'élévation de températures est comprise entre 0,5 ° et 0,8 ° par rapport à la moyenne du vingtième siècle. En 2015, nous étions pour la même période à 1,15 ° de plus. Nous avons donc « perdu » un tiers du réchauffement. La courbe de 2018 suit exactement celle de 2010. Visiblement l'augmentation des températures patine, mais personne n'en a parlé dans les médias, bien au contraire. Dépasserons-nous 2°en 2100 ? Rien n'est moins sûr.

La banquise, quant à elle devait bientôt disparaître ; or selon un organisme danois officiel qui indique chaque jour l'étendue des glaces arctiques, en 2018, le minimum sera de 5,2 millions de km2 en progression par rapport à 2015, 2016 et 2017 et bien plus que du minimum de 4,67 millions observé en 2007 et celui de 2012 (3,57). Qui en parle ? Personne ! La prétendue débâcle des glaces anciennes dont les journaux se sont fait l'écho fin août n'est qu'un phénomène temporaire comme il y en a toujours eu depuis la nuit des temps.

Un grand nombre civilisations se sont effondrées à cause d'un changement brusque des conditions climatiques, souvent en moins de 10 ans. À titre d'exemple, la brillante civilisation Maya a été balayée en quelques années par une sécheresse terrible qui a frappé l'Amérique centrale entre 800 et 1400. En 10 ans, selon les sagas islandaises, les vikings du Groënland ont été coupés de l'Europe par l'apparition d'iceberg sur les routes maritimes qu'ils empruntaient et qui étaient jusqu'alors libres de glaces. Le climat a toujours changé et brutalement. Le CO2 est-il vraiment responsable de la petite élévation de températures que nous connaissons ? Peut-être, peut-être pas, le débat est ouvert et doit le rester. N'oublions pas que le Spitzberg île norvégienne, couverte actuellement d'une banquise, a connu à un moment un climat tropical plus chaud que celui de l'Afrique actuel. Nous en sommes encore loin et nous avons de la marge.

Un christianisme oublié « le Marcionisme » : 17.09.2018

Les premiers siècles de l'église ont été marqués par de nombreuses « hérésies », même si ce terme est à relativiser, car le canon orthodoxe s'est lentement mis en place et il n'existe pas d'église « officielle » avant le concile de Nicée (325). Quelques théologiens du début du premier millénaire ont un statut ambigu : ils sont considérés comme saints, voir comme des pères de l'église, mais certains de leurs écrits ou théories sont mis à l'index. C'est le cas de Jean Cassien, un « semi Pélagien ». Les Pélagiens étaient les adeptes du moine breton Pélage, déclaré lui hérétique en 418 et qui minimisait le rôle de la grâce divine pour devenir Saint. À ce titre il s'opposait aux thèses du berbère Saint Augustin sur la prédestination.

Nous connaissons mal ces hérésies antiques, car ceux qui étaient à l'origine de ces « déviations » n'ont pas laissé de traces écrites, souvent parce que faute de partisans, personne n'a conservé leurs textes fondateurs. Les doctrines de ces « hérétiques » sont exposées par leurs adversaires orthodoxes, ce qui induit nécessairement un effet déformant. Imaginez qu'on ne connaisse du quinquennat de M. Macron que ce qu'en rapporte M. Mélenchon. Le portrait ne serait sans doute pas fidèle.

Il existe parmi ces hérésies une pour qui j'éprouve une certaine tendresse- même si jamais je me convertirais à cette secte, car elle est trop extrémiste- le Marcionisme. Marcion de Sinope est né en 85 à Sinope (un port d'Anatolie situé sur la mer Noire) et serait mort vers 160 soit à Rome soit en Asie Mineure. Il appartenait à une riche famille d'armateurs et son père aurait dirigé l'église de Sinope. Il serait venu à Rome en 140 pour se joindre à la communauté chrétienne de la capitale de l'empire dirigée par l'épiscope Pie I (on ne l'appelait pas encore pape). Marcion multiplie les prodigalités, donne en particulier 200 000 sesterces à l'église de Rome pour ses bonnes œuvres. (Une somme considérable pour l'époque : un esclave valait en moyenne 1000 sesterces). Ses adversaires l'accusent d'avoir voulu obtenir le premier rôle dans l'église naissante en utilisant sa fortune. Mais cet érudit met peu à peu au point une théologie qui lui vaut d'être excommunié. On lui rend (avec difficultés) ses 200 000 sesterces et grâce à sa fortune, il met sur pied une église et une hiérarchie épiscopale qui subsistent longtemps. Le marcionisme a persisté en Syrie et en Mésopotamie jusqu'au V ième siècle, peut-être même jusqu'au IX ième siècle et sa doctrine s'est perpétuée par héritage dans des hérésies qui forment une chaîne : Pauliniens au IX ième siècle, Bogomiles au XI ième et enfin Cathares au XII ième. Peut-être même les derniers disciples de Marcion ont rallié l'Islam qu'ils ont peut influencé, lorsque cette religion s'est séparée du christianisme.

En étudiant l'ancien testament, Marcion en a tiré une conclusion radicale : le Dieu de l'ancien Testament n'est pas celui de Jésus. Jéhovah, le Dieu des Juifs, est colérique, juste ; il n'est pas malfaisant, mais n'est pas habité par l'amour, contrairement au « père » de Jésus qui est un Dieu de bonté. Pour Marcion, Jéhovah (appelé encore le Démiurge) a créé le monde sensible et a passé un pacte avec le Peuple Juif. Il leur promet un messie pour les guider et les placer au firmament des nations. Il ignore qu'existe au-dessus de lui un « vrai » Dieu celui de l'amour et qui est extérieur à l'univers. Ce dernier pris de pitié envoie son « fils » Jésus, qui n'est pas le messie de Jéhovah, pour sauver les hommes du Démiurge et leur permettre d'accéder à la félicité dans le royaume du Dieu suprême.

Marcion rejette toute la Bible hébraïque et ne retient que dix épîtres de Paul et l'évangile de Luc expurgé de son début. En effet, Jésus n'est pas né d'une vierge. Il n'a connu ni enfance ni croissance. Il est apparu déjà adulte la quinzième année du règne de Tibère et a commencé sa prédication. Le Démiurge apprend alors qu'il n'est pas le seul Dieu et se venge en faisant crucifier le Christ. Celui-ci part alors dans les enfers (ceux du Démiurge) où il sauve les sodomites, Caïn, les Égyptiens tous ceux qui s'étaient opposés à Jéhovah et qui acceptent le Dieu d'amour. Mais il doit y laisser Noé et Abraham trop liés au Dieu hébraïque.

Comme Mani après lui (auquel se rallieront en Occident beaucoup de ses adeptes), Marcion se méfie de la sexualité. Il prône comme idéal une vie sans sexe et sans famille où on se prépare au martyre, car Jéhovah n'aura de cesse d'anéantir les fidèles. À la fin des temps, le Dieu d'amour se fera connaître et éliminera la matière et le Démiurge. Ce refus de la chair est une des causes de la disparition de l'église fondée par Marcion de Sinope. Si les fidèles ne font plus d'enfants, comment le culte peut-il se perpétuer ?

Si cette hérésie a disparu depuis longtemps, elle marque encore l'imaginaire Occidental. Les Nazis trouvaient du charme à ce christianisme qui semblait mettre en accusation les Juifs. Mais d'autres penseurs chrétiens marqués à Gauche, comme la grande philosophe chrétienne d'origine juive Simone Weil, ont pu être qualifiés de marcionites.

Quiconque a lu la Bible hébraïque ne peut être que révulsé par les massacres induits par Jéhovah Pour une raison obscure, il ordonne d'exterminer tous les membres d'un peuple antique les Madianites, femmes et enfants compris. Le roi Saül est pris de pitié et épargne un jeune madianite. Jéhovah se venge en lui faisant perdre son royaume puis sa vie, car il avait désobéi. Jéhovah est décrit ainsi comme un « monstre » sans cœur.

Sans entrer dans la construction certes cohérente et séduisante de deux Dieux, on peut expliquer la différence flagrante et indéniable entre Jéhovah et le « père » de Jésus, par le contexte dans lesquels ces œuvres baignaient. On ne sait pas qui a rédigé la Bible hébraïque, s'il y a eu deux concepteurs ou plusieurs et surtout à quelle époque elle a été écrite. L'histoire qu'elle raconte est en contradiction avec l'archéologie. Les Hébreux sont, semble-t-il, issus des populations qui vivaient en Palestine au X ième avant JC et ils ne sont pas venus d'Égypte. Ils n'étaient pas monothéistes. Ils reconnaissaient les Dieux des autres peuples, mais rendaient un culte exclusif au leur Dieu particulier Jéhovah. Le refus du polythéisme est venu plus tard, pendant l'exil à Babylone. L'ancien testament est violent car l'époque où il a été rédigé l'est. Les peuples luttent entre eux et se disputent les territoires. Malheur aux vaincus ! Lorsque les vainqueurs le peuvent, les adultes sont exterminés pour éviter toute revanche tandis que les femmes et les enfants sont vendus comme esclaves. En outre, il est de bon ton, lorsqu'une stèle célèbre une victoire de prétendre qu'on a tué tous ses adversaires, même si c'est faux, puisqu'une génération plus tard les ennemis sont toujours là. La Bible hébraïque est donc fidèle à son époque et est son exact reflet.

En fait, ce qui est extraordinaire est la modernité et le « pacifisme » du Nouveau Testament qui a été écrit dans une époque pourtant marquée par une violence épouvantable. Alors que les prétendus Jean, Luc, Marc et Mathieu concevaient leurs évangiles, des centaines de milliers de Juifs ont été tués lors de la grande révolte qui a duré de 66 à 70 et beaucoup de survivants ont été déportés. Les textes sacrés sont pourtant des hymnes à l'amour, même s'ils contiennent quelques reflets des préjugés de l'époque : Jésus, par exemple, est pris de colère à la vue d'un troupeau de porcs, les chasse et provoque leur chute d'une falaise. L'évangile est donc un texte révolutionnaire, même si quelques traces de l'évolution qui mènent à un Dieu d'amour sont déjà perceptibles dans les psaumes.

Réforme des droits de successions : M. Macron recule-t-il ? : 19.09.2018

M. Castaner, délégué du parti présidentiel LREM et ministre chargé des relations avec le Parlement a évoqué samedi 15 septembre une réforme des droits de successions, en fait un alourdissement de ceux-ci. Il s'agissait, paraît-il, de libérer les énergies et de privilégier le travail plutôt que la rente selon le blabla exaspérant qu'emploie le Pouvoir pour justifier sa politique de spoliation : non seulement les Français doivent toujours cracher au bassinet, mais en outre ils sont sommés d'applaudir, car leur gouvernement serait un modèle de justice et d'équité. Révoltant !

Cette réforme serait absurde. La France est le pays de l'UE où on taxe le plus les successions. Dans 15 pays sur 28 les héritiers ne payent rien. Notre taux de prélèvement le plus élevé (45% sur les tranches d'héritage au-dessus de 1825 000 €) n'est dépassé dans le monde que par ceux de la Corée du Sud et du Japon.

M. Macron aurait été, si on en croit les médias, courroucé par la proposition de son ministre. Il aurait dit, je cite « Arrêtez « d'emmerder » les retraités » dans un style très pompidolien et affirmé que rien ne changera pendant son quinquennat. Sans doute a-t-il pris conscience que ce nouveau coup de massue qui aurait frappé nos seniors, venant après les spoliations dues à la hausse de la CSG et la non revalorisation des retraites, aurait fait descendre les intentions de vote pour LREM dans des abysses insondables, du moins dans cette catégorie sociale.

Que retenir de ce nouveau cafouillage au sommet de l'État. Je vous propose plusieurs explications : la première MM. Castaner et Macron se sont mis d'accord et jouent une pièce de théâtre où ils se sont réparti les rôles, le ministre étant le « mauvais flic », le Président le « bon », celui qui protège la population. En écartant une réforme qu'on n'a jamais songé sérieusement d'appliquer, on boosterait ainsi, sans que cela ne coûte rien, la popularité du chef de l'État. Je n'y crois pas trop, car les dégâts entre l'annonce et le démenti ont été considérables et ne seront pas éliminés par une pichenette.

Autre variante : M. Castaner a, sur ordre du Pouvoir, lancé un ballon d'essai. S'il n'avait entraîné que peu de réactions on aurait mis en place la réforme, mais comme la proposition du ministre a provoqué un tsunami de protestations, le Pouvoir fait machine arrière en désavouant le lampiste. Cette explication me semble la bonne d'autant plus que M. Castaner ne renonce pas entièrement à son idée. Il parle d'aménager ce qui existe et va lancer malgré tout un groupe de réflexions, quitte à ce qu'aucune des propositions émises par le parti présidentiel ne soit retenue. Cela permettra de donner à moindre frais une aura de gauche à LREM, en serinant cyniquement : « Je suis contre les riches ; je voulais réformer les héritages, mais les « riches » égoïstes m'en ont empêché. »

Enfin il existe une dernière explication qui peut coexister avec la précédente : M. Macron est tellement discrédité que les « rats » quittent le navire avant le naufrage final. Les ministres sentent que le vainqueur de la Présidentielle truquée de 2017 n'a aucune chance d'être réélu en 2022 et essayent d'exister par eux-mêmes pour être réélu aux prochaines législatives selon le principe « Ne pas mettre tous ses œufs dans le même panier ! » Ce type de raisonnement est sans doute prématuré en 2018 même s'il risque d'être la norme entre 2020 et 2022. L'agonie de ce régime qui à force de vouloir être ni de gauche ni de droite n'a plus aucune assise populaire sera probablement atroce, pire que celui de M. Hollande.

M. Macron veut-il voler l'héritage des membres des classes moyennes ? : 24.09.2018

La majorité LREM s'apprête à lancer une réflexion sur les droits de succession, qualifiée, pour faire moderne et dans le vent, de « sans tabous ». Le gouvernement chercherait paraît-il à corriger les inégalités dues à la naissance, mais bien entendu ce n'est qu'un slogan creux et mensonger. Il cherche en fait à augmenter les impôts. À gauche les projets de réformes abondent. Les plus radicaux prônent de tout prendre au-dessus d'un montant peu élevé (500 000 € ? 100 000 € ?) de verser le reste sur un fond commun et de donner à chaque nouveau majeur 50 000 €. Cette allocation serait ainsi financée par les sommes importantes confisquées sur les successions. LREM n'ira sans doute pas aussi loin, mais on peut craindre le pire pour les classes moyennes. Le Pouvoir pour endormir les contribuables promet que cette réforme se fera à montant constant : selon lui, certains perdront et d'autres gagneront, mais globalement les droits de succession ne seront pas alourdis. Mais pour avoir entendu cette petite musique mensongère et exaspérante d'hypocrisie sur l'augmentation de la CSG et celle des taxes sur l'énergie, nous pouvons être certains qu'en réalité bien peu gagneront et beaucoup perdront.

Or les frais de succession ont été alourdis par M. Hollande : les héritiers en ligne directe sont taxés à 20% entre 30 000 € et 500 000 € et à 45% au-dessus de 1 850 000 €, après un abattement de 100 000 € par personne. Si ceux dont le patrimoine est faible sont épargnées (et c'est tant mieux !) les classes moyennes sont lourdement impactés. L'enfant unique d'un cadre moyen qui possède un bien valant 400 000 € paiera en moyenne 60 000 € ! Alors que le défunt se sera privé sa vie durant pour léguer un petit quelque chose à son fils ou sa fille, l'État s'engraissera sans honte à sa mort.

Les plus aisés étant déjà lourdement taxés à 45%, le pouvoir n'ira pas plus loin, car le prélèvement deviendrait confiscatoire et serait de ce fait inconstitutionnel. En outre, les « riches » savent comment contourner les lois sur l'héritage. Regardez Johnny Halliday : il suffit de résider quelque temps aux États-Unis, de créer un trust où on place ses biens et le tour est joué : les frais de succession seront alors très bas. En outre, il serait incohérent de la part de M. Macron d'alourdir les frais de succession pour les très riches après avoir supprimé pour eux uniquement l'impôt sur la fortune. Le Président voulait que « les premiers de cordée » reviennent en France. Ils continueront à préférer les pays étrangers si après leur mort une part trop grosse de leur fortune va dans les caisses de l'État Français ; ils seront donc épargnés par la nouvelle législation.

Le pouvoir visera uniquement les classes moyennes, ceux qui ne peuvent pas « délocaliser » leurs biens et échapper au fisc. Que va-t-il faire ? Abaisser à 50 000 € l'abattement pour chaque héritier ? Augmenter le taux qui s'applique après 30000 € à 20% à 30, 40 % ou 50 %. Peut-être, mais en outre le gouvernement s'attaquera probablement aux assurances-vie, car les frais de succession sur ces contrats sont faibles. Déjà les sommes versées après 70 ans sont réintégrées dans la succession après un abattement de 30 500 € par héritier. Pourquoi ne pas abaisser cette limite d'âge de 70 ans à 60 ans ? Voire à 40 ans ? D'autres biais sont possibles et l'imagination fiscale est sans limite.

M. Macron hait les classes moyennes et veut leur extorquer le plus d'argent possible. Il utilisera pour cela les frais de succession en épargnant les plus riches. Cette confiscation qui ne dira pas son nom sera sans doute approuvée par la majorité des Français, car 60% d'entre eux ont un patrimoine inférieur à 200 000 € (et c'est bien dommage !)

L'absurde voyage de l'Aquarius : 25.09.2018

Le feuilleton de l'Aquarius est comme le feuilleton « plus belle la vie », il a chaque jour un nouvel épisode. Dans celui d'aujourd'hui le navire a récupéré 58 migrants venus de Lybie, en les soustrayant de force aux garde-côtes Libyens qui voulaient les ramener à leur point de départ. Cette action d'éclat vaut au navire le retrait du pavillon panaméen qu'il venait de hisser. Dès qu'il aura accosté dans un port il deviendra apatride et ne pourra plus en principe naviguer. Mais les ONG qui affrètent l'Aquarius n'ont pas modifié d'un iota leurs exigences. Surjouant l'indignation, ils somment l'Europe de leur trouver un port où débarquer (pour l'heure ils se dirigent vers Marseille, car tous les autres pays vont les refouler) et un nouveau pavillon. Ils exigent en outre qu'on les avertisse dès qu'une embarcation de migrants est en difficulté pour aller la secourir. Ils n'esquissent pas l'ombre d'une autocritique et affirment que puisque les arrivées par bateau des immigrés ont diminué de 80%, il n'y aurait aucun danger à autoriser leurs activités : l'Europe ne serait pas submergée (Pourtant 28 % des enfants nés en France ont un parent qui n'est pas originaire de l'U.E !). Cette diminution incontestable des arrivées maritimes est probablement une conséquence de la quasi-suppression des navires sauveteurs, puisque seul l'Aquarius est encore en activité. Les passeurs et les immigrés hésitent à tenter la traversée, car ils ne seront plus recueillis dans les eaux Libyennes par les bateaux des ONG. Néanmoins si le nombre de traversées s'effondre, celui des morts augmente fortement, car les frêles esquifs des passeurs qui échappent aux garde-côtes libyens doivent faire une longue traversée pour laquelle ils ne sont pas préparés. Tout être humain normal ne peut que regretter ce carnage. Or pour mettre fin à cette hécatombe, il faudrait que les migrants n'aient aucune chance d'être admis par ce biais en Europe et qu'ils soient systématiquement reconduits en Libye d'où ils viennent. Ne pas considérer ce pays comme sûr et refuser d'y déposer les naufragés de la Méditerranée comme le fait l'Aquarius est absurde et illogique puisque les migrants vivaient en Lybie avant d'embarquer. Les renvoyer à leur point de départ ne fait que rétablir une situation antérieure. Si la Lybie était un tel enfer, pourquoi l'Aquarius n'accosterait-il pas dans un de ses ports pour faire le plein de réfugiés et ainsi les sauver ? Cela leur éviterait de risquer leur vie inutilement.

Évidemment les voix des « progressistes » et des « bien-pensants » s'élèvent pour soutenir l'Aquarius et M. Macron, qui dit pour l'instant non à l'arrivée du navire à Marseille, est traité de fasciste selon la tactique habituelle qui consiste à voir des nazis partout. Au bout de quelques jours et de l'habituelle pantalonnade, l'Aquarius va sans doute accoster à Marseille. En revanche, il ne repartira pas sauf si un pays européen lui accorde un pavillon. Qui sait si un gouvernement ne cédera pas aux pressions de ses progressistes ? Mais alors, les autres nations lui enverront sans remords la prochaine cargaison de migrants et la ronde cynique recommencera. Elle pourrait être drôle si de nombreuses vies humaines n'étaient pas en jeu.

M. Macron adore les très riches : 26.09.2018

Notre Président de la République méprise les pauvres, déteste les classes moyennes et matraque les retraités prétendument « aisés » (au-dessus de 1200 € par personne). Mais il existe une classe sociale qu'il chouchoute et qu'il adore : les 5034 personnes qui constituent les 0.01% les plus riches des Français. Suite à la suppression l'impôt sur la fortune et à l'instauration d'un forfait de 30% sur les revenus financiers chaque membre de cette caste a gagné en moyenne 238 000 euros et a vu les prélèvements sur ses revenus passer de 52% à 46 %. Un record de baisse ! Au total ces cadeaux aux très riches ont coûté 1,23 milliards d'euros. Cette somme est énorme surtout si on la compare aux économies drastiques décrétées par le régime : le gouvernement n'a pas réévalué suffisamment les pensions des retraités pour récupérer 2,7 milliards d'euros. Les 1% des plus riches des Français (500 000 personnes) ont capté eux 4,5 milliards soit 10 000 euros en moyenne par contribuable. Les 10% les plus riches qui ne font pas partie de ces 1% ont en revanche perdu du pouvoir d'achat s'ils sont assujettis au nouvel impôt sur l'immobilier (l'IFI), car ce dernier est moins favorable que l'ISF pour le contribuable, notamment lors de la prise en compte des emprunts. D'ailleurs l'IFI qui ne devait rapporter que 850 millions d'euros en 2018, fera entrer 1,53 milliards d'euros en 2019 dans les caisses de l'État. En France, la différence de revenus entre les 50 % les plus modestes et les 10% les plus riches est réduite de 28% une fois qu'ont été pris en compte les impôts et les cotisations sociales. Aux États-Unis, cette réduction est plus forte : 34%. Cette « efficacité » de la fiscalité américaine est due à la prévalence chez nous d'impôts au taux fixe comme le TVA et la CSG. Néanmoins notre société est plus juste que celle d'outre Atlantique car, chez nous, après impôts les 50% les plus modestes ont à leur disposition, 27,6% des revenus contre 18 % aux USA.

Que retenir de cette avalanche de chiffres ? Les cadeaux fiscaux ont été anormalement élevés pour les 1% les plus riches et notamment pour les 0.01%, surtout que pour contenir le déficit, le gouvernement a dû voler les retraités et les pauvres. Et alors que les cadeaux aux ménages les plus aisés ont été immédiats, les diminutions pour les autres catégories sociales ont été étalées dans le temps : la taxe d'habitation va baisser d'un tiers par an tandis que les cotisations sociales diminuent en deux temps. Pourquoi le Président n'a pas imposé un calendrier semblable pour l'ISF avec un rabais de 20% par an jusqu'en 2022 ? De même pourquoi le forfait sur les revenus financier n'est pas venu par étape à 30 % ? Mais je pense surtout que ces cadeaux n'ont aucune justification : M. Macron croit-il vraiment que les 5023 français les plus riches vont réinvestir en France la somme rondelette qu'ils ont économisés ? Non bien sûr. On pourra s'estimer heureux s'ils augmentent leurs dépenses d'un tiers, ce qui générera fort peu d'impôts. En outre si le nombre de nos compatriotes qui s'exilent à l'étranger pour raison fiscale, diminuera peut-être, le montant des impôts que paieront ces contribuables qui renoncent à s'expatrier, sera sans doute faible, bien moindre en tout cas que le trou généré par la suppression de l'ISF. Les cadeaux fiscaux de M. Macron sont à mon avis une erreur. Il aurait dû se contenter d'un geste sur l'ISF (25 % de baisse par exemple) et mettre le forfait sur les revenus financiers à 42% et non 30 %. Mais que voulez-vous, notre Président est vraiment l'ami des très riches.

M. Macron n'arrive pas à enrayer la déroute du secteur industriel français : 28.09.2018

Le secteur industriel de la France est en déroute. Hormis quelques secteurs de pointe dont l'aéronautique où nous sommes leader avec Boeing et qui sauve notre pitoyable commerce extérieur d'un désastre total, l'industrie se porte très mal. Entre 2006 et 2015 elle a perdu 530 000 salariés (16 % de ses effectifs !) La crise de 2008 a été catastrophique pour elle. L'agro-alimentaire a tiré son épingle du jeu mais le textile, le cuir et l'habillement ont perdu 37% de leurs effectifs en 10 ans tandis que la construction s'est repliée de 7% (100 000 emplois détruits !) À partir de 2016, l'industrie française a connu un léger mieux. Elle a timidement recréé quelques emplois. Il y a eu en 2017 autant d'ouvertures d'usines que de fermeture et la production industrielle a cru de 4,9% Cette embellie toute relative vient de s'achever au second trimestre 2018, car le secteur industriel a de nouveau perdu 1600 emplois. Ce chiffre traduit plus une stagnation qu'un repli, mais il annonce des lendemains qui déchantent. L'aciérie Ascoval près de Saint Saulve est le symbole de ce secteur industriel qui n'en finit pas de mourir. L'outil de travail est vieillissant et les investissements n'ont pas été effectués à temps, rendant les coûts de production prohibitifs par rapport à d'autre pays européens en pleine croissance. La France n'est pas l'Allemagne. Ce pays est en pointe dans de nombreux secteurs industriels et possède un réseau remarquable de PME exportatrices qui savent donner une réelle plus-value aux produits qu'ils fabriquent.

M. Hollande et son controversé CICE (qui coûte 20 milliards par an alors que nous avons un déficit du budget de 97 milliards) sont à l'origine du mieux constaté à partir de 2015, mais les effets de cette mesure commencent à s'estomper. Certes cela ne sert à rien de s'accrocher à des emplois dépassés et non rentables. Engloutir des millions d'euros pour sauver une poignée de postes n'est qu'un gaspillage inutile. Fleurange, Vilvoorde n'avaient aucune chance de survie et leurs fermetures étaient inéluctables. Dans ce cas, il reste seulement à négocier au mieux les compensations aux malheureux salariés plongés dans l'enfer du chômage. Mais en théorie des nouveaux emplois remplacent ceux qui disparaissent. Cela ne se produit pas en France, du moins dans l'industrie et nous vivons une descente en enfer depuis des décennies. Le général de Gaulle avait conçu un vaste plan d'industrialisation de notre pays qui a connu des échecs retentissants (le plan calcul) mais aussi des réussites spectaculaires dans les domaines spatial et aéronautique.

Certes les services connaissent une expansion continue, mais celle-ci risque de ne pas être suffisante pour absorber le trop-plein de main-d'œuvre. Du fait de notre démographie et de l'immigration incontrôlée (et peu qualifiée) nous avons besoin de créer chaque année 250 000 postes supplémentaires. (100 000 pour les nouveaux migrants et 150 000 d'excès de naissances)

Le taux de chômage à 7% que promet le gouvernement est une plaisanterie comme l'a montré la petite hausse du nombre de demandeurs d'emploi au troisième trimestre. Si aucune crise économique ne se produit, nous resterons à 9,8% de chômeurs. Si comme c'est probable, les bulles éclatent entraînant un krach monstrueux, nous flirtons alors avec les 12% voire pire.

L'insubmersible Thérèsa May : 01.10.2018

Les observateurs ont depuis la chute retentissante de David Cameron toujours sous-estimé Thérèsa May. Elle a été nommée par défaut pour faire le lien entre pro et anti Brexit : elle avait prôné de rester dans l'U.E tout en se gardant bien de faire campagne en ce sens. Elle pouvait également s'enorgueillir d'avoir toujours été euro sceptique. Bref elle présentait une personnalité de compromis dans un parti Tory profondément divisé. Boris Johnson a bien essayé de s'opposer à sa nomination, mais il a vite compris qu'il n'obtiendrait pas le poste de Premier ministre et il a préféré dans un premier temps soutenir Mme May en obtenant le Foreign-office. Il a fait preuve à ce poste d'une incompétence totale, acculant les gaffes : il a notamment semblé justifier par une maladresse de langage les charges pesant sur une Anglo-iranienne qui était emprisonnée dans l'ancienne Perse. Plutôt que de s'occuper de la diplomatie, Il s'est surtout efforcé de savonner la planche de sa rivale. Il s'est ridiculisé et a fini par démissionner au lendemain de la publication du projet de Mme May pour le Brexit. Depuis il s'agite beaucoup, a proposé son propre plan qui n'intéresse personne. Il est dépourvu de troupes et il est en outre fragilisé par sa vie privée chaotique qui scandalise les conservateurs. Il vient de se séparer de sa femme, avec qui il a eu 4 enfants, car celle-ci s'est lassée de ses perpétuelles infidélités. Mme May le compare à un grand requin blanc impressionnant certes mais pas dangereux. M. Johnson va jouer sa dernière carte au congrès tory et il escompte pour cela un faux pas de Mme May. L'année dernière avait été désastreuse pour la Première ministre. Elle avait lu son discours alors qu'elle était prise d'une quinte de toux inextinguible. Un huluberlu, surgi de nulle part, avait apporté à Mme May, une lettre la sommant de réaliser un hard Brexit. Bref, la locataire de Downing Street ne peut que mieux faire en 2018.

Le temps presse. À moins de 6 mois de la date butoir, nous sommes toujours en plein brouillard et il n'y a aucun accord en vue. La proposition de Mme May a été sèchement refusée par les Européens. Or celle-ci était allée au maximum des concessions acceptables par son pays. Accepter les remarques de Bruxelles reviendrait à une capitulation totale et il n'y aura aucune majorité au Parlement Britannique pour entériner un tel accord. Le projet de Mme May tout déplaisant qu'il apparaît aux yeux des Européens, est mal perçu par une part importante des députés de la chambre des communes, car il contiendrait à leurs yeux trop de concessions. À Bruxelles, à Londres, maints politiciens clament « mieux vaut un hard Brexit sans accord qu'un mauvais accord », mais ce n'est qu'une posture. Le hard Brexit fait peur et serait sans doute catastrophique. Voilà la chance de l'opiniâtre Mme May. En restant ferme sur ses positions elle espère que Bruxelles apeuré, acceptera finalement sa version avec quelques menues corrections pour faire croire à de véritables négociations. Mais le plus dur serait encore à faire. Mme May devra faire passer son projet aux communes. Avec les unionistes Irlandais elle a 10 voix de majorité. On estime à 86 les députés Tory qui seraient prêts à voter contre le projet de loi de Mme May. Iront-ils jusqu'au bout de leur révolte ? Les travaillistes, même s'ils trouvent les propositions de la Première ministre acceptables voteront contre par principe. Ira-t-il des défections dans leurs rangs pour éviter le chaos ? Les Libéraux démocrates sont une poignée et ne seront pas en nombre suffisant pour jouer le rôle de force d'appoint. A priori on s'achemine vers un rejet, mais rien n'est sûr et Mme May déjouera peut-être tous les diagnostics. Que se passera-t-il si la chambre des communes refuse l'accord ? Nous aurons sans doute une dissolution et de nouvelles élections. Quand la nouvelle chambre des communes se réunira, l'éventail des possibilités sera largement ouvert : donnera-t-on six mois de plus aux négociations ? Si les travaillistes gagnent les élections proposeront-ils un second referendum sur le Brexit ? Se retrouvera-t-on dans la même situation ? Mme May aura-t-elle une majorité élargie ? Personne n'est capable de prévoir l'avenir.

Le matraquage fiscal continue : 02.10.2018

Un député UDI a réussi à faire adopter un amendement, taxant les aides aux vacances ou aux activités culturelles des salariés distribués par les comités d'entreprise. Jusque-là le flou fiscal régnait et l'État n'effectuait aucun prélèvement sur cette manne ; il ne percevait ni cotisation sociale ni impôt sur le revenu. Cette tolérance était de facto et hors de tout cadre légal. L'amendement qui vient d'être adopté inscrit dans la loi cette exonération et l'étend aux aides des petites entreprises qui sont dépourvues de CE, mais pose des limites : au-dessus d'une franchise de 331 euros par employé (662 dès qu'il a un enfant) l'État ou plutôt la sécurité sociale se servira. Et si on suit cette logique, le salarié devrait également réintégrer les sommes reçues dans son impôt sur le revenu, faisant exploser ce dernier dans certains cas.

Les syndicats sont bien entendu indignés. Pour eux, ce sont les salariés les plus modestes qui seront impactés, notamment pour les vacances de leurs enfants et leurs séjours linguistiques, même si seuls les plus grands comités d'entreprise (SNCF, EDF,…) sont capables de verser par adhérent des aides qui dépasseront le seuil prévu.

Néanmoins, le gouvernement continue de charger la barque sans vergogne. Le plus choquant est qu'il a baissé spectaculairement les impôts pour les ultra-riches (0,01% de la population). Entre l'abolition de l'impôt sur la fortune et la taxation forfaitaire à 30 % des revenus financiers, ces cadeaux ont coûté 7 milliards au trésor. Ils sont entrés immédiatement en vigueur contrairement à la baisse des cotisations sociales ou à la suppression de la taxe d'habitation. Grâce à ce nouvel amendement le pouvoir va récupérer peut-être 200 millions au grand maximum, une paille vis-à-vis de notre colossal déficit. Sans entrer dans la caricature et sans vouloir user d'arguments démagogiques le gouvernement donne l'impression de ponctionner les pauvres autant qu'il le peut afin d'aider les riches.

Une autre taxe aussi scandaleuse vient d'être envisagée : un député propose de faire payer 1 euro pour chaque colis livré à son domicile. Les sommes colossales qui seraient ainsi extorquées aux Français, seraient versées aux communes. Ces dernières en échange diminueront les taxes foncières frappant les commerces dits de proximité, principalement ceux du centre-ville. Mais je ne vois pas comment on pourra exonérer des magasins suivant leur emplacement, le contraire me semblant anticonstitutionnel. Pour finir la diminution des taxes foncières sera répartie entre tous les commerces y compris les hypermarchés des périphéries, ce qui diluera son effet. En outre, l'État se servira toujours (au moins 25 %), sous le prétexte de se dédommager des frais de prélèvement. Le pouvoir va donc instaurer une nouvelle usine à gaz qui va frapper les personnes qui habitent dans la France Périphérique, celle où les commerces de proximité sont inexistants et où les habitants sont bien contents de commander sur internet. Le matraquage fiscal continue de plus belle !

Mythe : la « grande » France de 1932 : 03.10.2018

1932 est en effet une année particulière pour notre pays, même si plus personne ou presque ne la voit en 2018 comme une année de gloire dont les Français devraient être fiers. Celui qui oserait passer outre à ce diktat de l'Histoire serait condamné pour fascisme et pour colonialisme sans nuances.

En 1932, l'Empire colonial connaissait sa plus grande extension géographique. Sa superficie était de 12 948 000 km^2 (avec la métropole) sa population était de 107 631 000 (dont 41 510 000 métropolitains). Il comprenait les protectorats de Tunisie et du Maroc, l'Algérie, l'Afrique orientale Française, l'Afrique équatoriale Française, Madagascar, les Comores, les Antilles Françaises, Saint-Pierre-et-Miquelon, la Guyane, L'Indochine, L'inde Française, le Kouang-Tchéou-Wan (un petit territoire à bail dans le sud de la Chine) la Polynésie Française, la Nouvelle-Calédonie, Walis et Futuna, Clipperton. Ces territoires étaient Français avant la Première Guerre Mondiale.

En 1919, se sont rajoutées à ce vaste ensemble les colonies « confisquées » aux Allemands : le Togo, une partie du Cameroun, le bec-de-canard (une partie du Congo Brazzaville cédé en 1911 au second Reich en échange de sa neutralité dans la conquête du Maroc). Nous avions également sous tutelle le Liban et la Syrie. Cette dernière était divisée en 5 états reliés par une fédération lâche (République du Hatay, État d'Alep, État de Damas, État du Djebel druze, Territoire des alaouites).

On doit rajouter pour être complet le condominium avec la Grande Bretagne sur les Nouvelles Hébrides, la concession française de Shangaï qui n'était pas formellement une colonie et Cheik Saïd une péninsule désertique du Yémen qui avait été achetée par un Français et qui a été parfois, mais abusivement considérée comme une colonie Française.

Pourquoi privilégier cette date de 1932 parmi toutes les années comprises en 1919 et 1939 ? Parce qu'à cette date, le Maroc est entièrement conquis et que les combats ont cessé en Mauritanie. Dans ce dernier pays, un chef rebelle remporte en 1932 une victoire sur une centaine de gardes maures au service de la France, mais il ne l'exploite pas et se replie en territoire Espagnol, au Cap Juby. Il sera délogé de son refuge en 1940. De 1932 à 1939, la paix des armes règne partout dans l'empire.

Mais s'il n'y a pas de combat toutes les colonies sont agitées. En Indochine, les communistes et leurs variantes trotskistes déversent une propagande intense. Ils se présentent aux quelques élections locales qui leur sont ouvertes et rencontrent un certain succès. Ils songent également à l'action armée. De leur côté les nationalistes vietnamiens complotent et préparent une insurrection qui éclatera en 1940 et sera écrasée en quelques jours.

La majorité des Libanais et des Syriens aspirent à devenir indépendants. Néanmoins, une minorité de politiciens dans ces deux pays souhaite conserver des liens avec la France, et celle-ci s'appuie sur eux pour prolonger le plus possible les 2 mandats.

En Afrique du Nord, l'agitation nationaliste prend de l'ampleur. On se garde bien de parler d'indépendance totale, on prône plutôt, l'indépendance dans l'interdépendance avec pour première étape l'égalité de représentation entre Européens et Indigènes au sein des assemblées locales. Le combat

« anticolonialiste » se double d'un conflit social dans lequel les syndicats « indigènes » jouent un grand rôle.

L'Afrique Noire est un peu en retrait. Une forme de conscience politique commence par émerger surtout chez les petits producteurs. Mais à l'inverse existent des mouvements qui réclament la fusion, la complète intégration des colonies avec la Métropole. C'est le cas notamment à Madagascar. Ces mouvements intégrationnistes seront réprimés avec autant de férocité que les partis sécessionnistes

Le statut des « colonisés » n'est pas uniforme. Ceux des territoires sous mandat ou des protectorats, ont en principe la nationalité de leur pays qui est distincte de celle de la France. Mais la garde-t-on si on s'installe en Métropole ? C'est le dilemme qui se pose pour un très bon joueur Marocain qui est, avec son accord, « nationalisé ». Par quelques côtés, l'empire fusionne avec la France. Les territoires sous mandat et les protectorats ont leurs institutions particulières et ont parfois comme en Tunisie, en Syrie ou au Liban des assemblées élues. Les habitants des colonies proprement dites sont « sujets » français et n'ont pas le droit de vote. Néanmoins, en 1848, ceux qui résidaient dans les territoires sous notre contrôle ont tous reçu époque la nationalité française et l'ont transmise à leurs descendants. Ceux-ci ont le droit d'élire des députés. C'est le cas des Antilles Françaises, de Saint-Pierre-et-Miquelon, de la Guyane, des Indes Françaises et d'une petite fraction du Sénégal. Mayotte et les îles du Pacifique pourtant en notre pouvoir à cette époque n'ont pas été concernées par ces dispositions, car elles étaient à l'époque des protectorats.

1932 est donc « l'apogée » du second Empire colonial français. Néanmoins si l'ensemble présentait bien, la poussière était cachée sous les tapis et cette organisation était déjà dépassée, minée par le racisme, le sentiment de supériorité des colons « Blancs » et la rancœur des habitants de ces pays sous le joug.

S'il n'y avait pas eu la seconde guerre mondiale (Si Hitler avait été renversé par exemple en 1938) l'agonie aurait été bien plus longue. Nous n'aurions pas connu Dien Bien Phu, mais nous aurions affronté une série d'insurrections et de manifestations qui nous auraient amenés à baisser peu à peu pavillon. Le Moyen Orient se serait émancipé avant l'Indochine et l'Afrique. Et rien ne dit que le bon sens prévalant nous n'aurions pas assisté à une dislocation en douceur de ce gigantesque conglomérat pour le plus grand bénéfice de tous.

Manifestations : la mascarade va-t-elle reprendre ? : 09.10.2018

Ce mardi est une journée de protestation. Or il existe un fort ressentiment chez les Français contre la politique de M. Macron. Les plus virulents sont les retraités dont les revenus pourtant faibles ont été amputés pour augmenter les salariés. 80 % d'entre eux bénéficieront de la baisse de la taxe d'habitation, mais ce gain sera mangé par l'inflation et l'augmentation du prix du gaz et de l'essence. Les salariés ont vu leurs revenus stagner : L'inflation a effacé la progression du pouvoir d'achat, néanmoins les charges sociales ont baissé. L'avenir est plus incertain, cependant ils ne bougeront pas. Les syndicats et les organisations de lycéens et d'étudiants essayent de rallumer la mèche éteinte en juin, mais ils vont échouer. Les seuls qui les avaient suivis au printemps, les cheminots, sont laminés financièrement par les nombreuses et inutiles journées de grève. Celles-ci n'ont pas fait bouger d'un iota la direction de la SNCF. Les conducteurs de trains et les contrôleurs ne se mobiliseront plus avant longtemps, tant ils ont pris conscience du cynisme de leurs directions syndicales qui les ont envoyés sans aucun état d'âme au casse-pipes, alors qu'ils savaient depuis le départ qu'ils n'obtiendraient strictement rien. Elles ont alimenté le conflit, juste pour la gloriole et pour l'illusion du « grand soir » qui n'arrivera jamais. En tout cas personne ou presque ne fait grève ce mardi à la SNCF et à la RATP. Les fonctionnaires ne viendront pas non plus au secours des syndicats même s'ils sont furieux, car l'inflation est à 2,3% et ils n'auront aucune hausse de salaire avant 2020 (et encore !). Le point d'indice est quasiment bloqué depuis 2010, avec une petite revalorisation en 2016 et 2017 quand M. Hollande espérait encore être réélu. Comme on veut éviter le ridicule de voir des fonctionnaires de catégorie A payés au smig, on multiplie les revalorisations catégorielles, ce qui amène rancœur et incompréhension pour ceux qui n'obtiennent rien. Cependant les fonctionnaires ne feront pas grève, car cela ne sert à rien si ce n'est à renflouer les caisses de l'État. Si 50% des fonctionnaires cesse le travail, le trésor gagne 150 millions d'euros par jour, une manne inespérée. En outre si les agents de l'État cessent le travail, cela n'entrave pas l'activité économique !

Les syndicats se retrouvent sans troupes ; il y aura bien deux cents manifestations dans toute la France qui ne feront recette que grâce aux retraités, mais qui ne serviront à rien.

Reste l'agitation lycéenne et surtout étudiante. De nouveau, des pseudos étudiants vont installer des migrants dans les locaux des universités et empêcher la tenue des cours et des examens. L'année dernière ils avaient commencé vers mars et la moitié des facultés avaient dû organiser des examens dont les modalités étaient assouplies, ce qui pose le problème du sérieux des diplômes. Si contrairement à 2017-2018, certains établissements supérieurs n'ont aucun cours, on ne pourra pas renouveler le dispositif de l'an dernier. En fait, les bloqueurs se moquent complétement de leurs études et de l'avenir de leurs camarades. Ils font grève pour faire grève, pour lancer la révolution, et si tous leurs camarades se retrouvent chômeurs par leur faute, ils dormiront toujours sur leurs deux oreilles. Apparemment aujourd'hui leurs blocages semblent ne pas prendre et les bloqueurs sont chassés par la police ou par des étudiants qui veulent travailler. Espérons que ce mouvement révoltant fera pschitt !

Les absurdes défilés pour le climat : 13.10.2018

Ce samedi, quelques dizaines de milliers de Français (sur 65 000 000) ont défilé contre le dérèglement climatique (dont l'ampleur et surtout l'existence sont encore à prouver). Les télévisions toujours promptes à se ranger dans le camp du bien n'ont cessé de les mettre en valeur, comme si ces marches avaient une quelconque importance. Les manifestants s'imaginaient qu'en hurlant des slogans d'une naïveté inouïe, ils feraient « avancer le smiblick » alors que dans la réalité, rien n'est plus vain que ce genre de rassemblement. « Agissons pour le climat » proclament leurs affiches. Mais quel sens attribuer à cette phrase ? Que veulent faire les protestataires ? Supprimer toutes les industries ? Revenir au niveau technologique du milieu du dix-neuvième siècle ? Bien sûr que non ! Qui parmi les marcheurs de cet après-midi est prêt à renoncer au confort moderne ? À se priver de son portable ? À ne plus emprunter l'avion pour passer des vacances au soleil ? Personne bien sûr !

Les « penseurs » qui prétendent éviter le pire à la planète, préconisent également de diminuer la consommation de viande de 90 % seuil paraît-il neutre pour la planète. Ils ne se soucient pas d'affamer à nouveau les classes populaires et de les priver de nourriture. Car si la viande deviendra rare, son prix s'envolera et elle deviendra à nouveau un objet de luxe, comme au dix-neuvième siècle où les ouvriers n'en mangeaient jamais et mouraient jeunes. Une des plus grandes conquêtes des « trente glorieuses » a été l'abondance de la nourriture offerte à tous. Bien sûr, on va nous ressortir le mythe végan, mais cette alimentation sans produits d'origine animale est destinée à des personnes aisées et cultivées, capables d'équilibrer leurs repas, en se procurant de coûteuses protéines. Et cette façon de se nourrir est une illusion. Déjà apparaissent des témoignages de déçus du véganisme qui vont même affirmer que le régime leur a fait frôler la mort. Dans 20 ans ils seront légion et un problème sanitaire de grande ampleur se posera sans doute dans deux décennies.

L'énergie qui produit le moins de CO2 est le nucléaire (même s'il pose des problèmes d'élimination de déchets), mais ceux qui défilent à Paris ou ailleurs pour le climat exigent de fermer toutes les centrales. Ils prônent l'éolien qui est gourmand en CO2 et les panneaux solaires dont on ne saura pas quoi faire quand ils seront obsolètes dans 20 ans. Mais en fait, ils plébiscitent les centrales aux gaz et au charbon, car ils ne toléreraient pas, bien entendu, des pannes régulières du réseau électrique. leur confort étant prioritaire.

Les manifestants ont des réflexes d'enfants gâtés : un problème (imaginaire en grande partie) se pose : ils hurlent et exigent que le gouvernement ou je ne sais quelle puissance occulte qui détiendrait le pouvoir sur Terre, le règle immédiatement, mais surtout sans les mettre à contribution. Ils n'ont pas dépassé le stade de l'enfance.

Mais cela n'est pas étonnant : ces défilés montrent l'idéologie Bobo dans toute son ampleur et dans toute son hypocrisie.

Mme Royal quitte le navire Macron en dénonçant le racket des taxes « vertes » : 22.10.2018

Mme Royal a un culot monstre et si elle n'existait pas, il faudrait l'inventer. Elle qui dans le passé a pu se décrire sans rire comme la plus compétente du gouvernement Valls avait cru s'imposer à M. Macron au printemps 2017 en présentant comme une évidence le fait qu'elle devait rester ministre. Alors que notre actuel chef d'État avait formé sans elle son premier gouvernement, elle l'avait sermonné, non parce qu'il ne l'avait pas prise à l'écologie (elle n'a pas osé), mais parce qu'il ne lui avait pas téléphoné pour l'avertir de sa non-sélection. Sans doute, aurait-il dû appeler un à un les cinquante millions de Français majeurs pour s'excuser de ne pas les avoir nommés ministre ? Néanmoins, le culot de Mme Royal a payé, car on lui a donné un poste prestigieux dont l'intitulé aurait pu être inventé par un humoriste tellement il est ridicule et la fonction qu'il recouvre floue : ambassadrice auprès des pôles.

Mme Royal espérait que le pouvoir ferait appel à ses « compétences » lors du dernier remaniement. Mais malgré la pénurie de candidats aux postes ministériels, le Premier Ministre ne lui a pas téléphoné. Dépitée, elle se venge et vient de déclarer que la politique du gouvernement n'est pas honnête. Elle prend pour cible les taxes sur le diesel qui rendent désormais ce carburant plus cher que l'essence chez certains pompistes. Selon elle, l'écologie n'a pas à être punitive et les taxes seraient « illégales » car en échange on devrait baisser les prélèvements sur les produits respectueux de l'environnement.

Sa critique est justifiée, mais Mme Royal n'est-elle pas celle qui a mis en place cette fiscalité sous le gouvernement Valls ? Comment peut-elle dénoncer des taxes qu'elle a fait voter et qu'elle a mis en place ? Le gouvernement Philippe a suivi la politique de son prédécesseur en l'accentuant certes, mais il n'est pas l'inventeur de ce « vol qualifié » qui frappe les Français. Prenons un exemple : en 2014, alors que Mme Royal était ministre de l'Écologie, la TICGN une taxe perçue sur le gaz a été étendue au particulier. Une petite partie de ce prélèvement sert à financer le tarif social de l'énergie, ce qui est à mon sens anticonstitutionnel, car cette solidarité doit être payée par le budget et non par le consommateur. Mais la plus grande part de TICGN correspond à la taxe carbone et va dans les poches trouées de l'État. La TICGN a déjà explosé et va encore enfler dans des proportions catastrophiques. Entre 2014 et 2022, elle va augmenter de 1126 % ! Un couple avec 2 enfants payait 80 euros de TICGN en 2016 et devra régler 300 € en 2022. Il s'agit d'un hold-up révoltant car pour contrer un réchauffement hypothétique (de plus en plus de scientifiques remettent en cause les conclusions du GIEC) on va extorquer un tiers de SMIG aux consommateurs qui n'y peuvent rien et le produit de cette rapine ne sera pas utilisé pour lutter contre les rejets de CO2, mais pour empêcher notre vertigineux déficit de dépasser les 3% du PIB. Les prélèvements sur les carburants ou le gaz domestiques sont tellement importants qu'ils expliquent à eux seuls que nous soyons parmi les derniers de l'U.E pour la croissance, car le pays est assommé par ces impôts indus.

Mme Royal a donc raison de trouver injuste le gouvernement. Elle est même trop modérée dans ses réprimandes. Néanmoins comme elle est à l'origine de cette politique , pour finir elle se critique elle-même.

Que faire pour contrer les inégalités scolaires : 31.10.2018

Il a fallu près de cinquante ans, mais la vérité a fini par éclater. À Paris et dans sa banlieue (mais c'est la même chose dans le reste du pays) règne une terrible ségrégation scolaire. Suivant le collège qu'ils fréquentent l'avenir n'est pas le même pour les élèves. La grande majorité des uns réussiront dans leurs études supérieures alors que les autres sont voués pour beaucoup à l'échec. Longtemps, une petite musique lénifiante racontait qu'une pédagogie différentiée était mise en œuvre par des enseignants à la pointe de la modernité et permettait de rattraper les retards des « apprenants » de collège de banlieue. Mensonges et illusions ! Les élites qui se prétendent de droite ou gauche trouvent leur compte dans cet Apartheid scolaire et au fond d'eux ne veulent rien changer. Que l'instruction soit nulle ou presque au-delà du périphérique permet à leurs enfants de réussir dans les études supérieures en éliminant nombre de concurrents. Aux riches on sert une instruction robuste archaïque et formatrice tandis que les pauvres sont voués aux expérimentations pédagogiques les plus hasardeuses et les plus néfastes. Je me souviens que dans le Nord, quelqu'un avait eu l'idée saugrenue de construire des grosses maquettes des 26 lettres de l'alphabet et de les promener dans tout le département. Les enfants étaient amenés en bus, jouaient une heure à chat perché sur les consoles et les voyelles. Ils n'en savaient pas plus en revenant dans leur classe, mais avaient perdu une demi-journée qui aurait mieux mise à profit à faire des dictées.

Le constat étant posé que faire ? La première chose vient d'être amorcé par M. Blanquer même s'il ne faut pas lui donner de blanc-seing. C'est un retour général aux pédagogies anciennes, mais cela passe par une lutte sans merci contre les pédagogistes qui peuplent les diverses inspections et font actuellement le gros dos en espérant le retour d'un ministre « bien pensant ». Ensuite, il faut rétablir l'ordre dans les classes et cela passe par des exclusions définitives du système scolaire normal. Quand le conseil de discipline met dehors un perturbateur, cela revient à l'échanger contre un autre peut-être pire venu d'un établissement. Cela ne rime à rien et ne calme pas les ardeurs des voyous qui rendent les cours impossibles. Chaque enfant devrait avoir deux chances. A la deuxième, il n'aurait plus droit à la scolarité normale. L'idéal serait de prévoir un établissement dans chaque département pour recevoir ces cas lourds en y plaçant des enseignants payés 50% plus cher que dans les autres établissements. On pourrait également construire des internats. Jusque-là on privilégie les élèves exclus, mais cette générosité est odieuse, car elle s'exerce contre l'intérêt de la grande majorité des élèves. Ils ont droit à des cours normaux qui durent 50 minutes et non pas à une série de rappels à l'ordre lassants qui prennent 80% du temps. Tous les collégiens qui ont subi une scolarité hachée soient en droit de demander devant les tribunaux de lourdes indemnités à l'État, car celui-ci par son impéritie les a privés d'instruction. Ils supporteront dans leurs carrières futures peu rémunératrices les stigmates de l'incurie de nos ministres successifs de l'éducation.

Je pense également qu'il faut établir d'urgence de la discrimination positive mais basée uniquement sur le mérite et la sélection. Celle qui a lieu aux États-Unis est une abomination, car basée sur l'ethnie. Qu'on fasse entrer un noir à la place d'un asiatique uniquement pour satisfaire un quota est parfaitement raciste. Néanmoins le gouvernement devrait s'arranger pour que les grandes écoles réservent 10 % à 20% de leurs places sur des critères sociaux (par exemple aux boursiers) et que ceux qui y entrent soient classés par un concours et non choisis par un examen de leur dossier. Pourquoi ne pas faire deux concours pour Polytechnique (avec les même épreuves). L'un qui donnerait accès à 90% des places et l'autre, pour compléter, réservé aux boursiers ? Qu'on le déplore ou non, les grandes écoles fournissent les cadres dirigeants et éviter la reproduction sociale serait une excellente chose. En outre tous les élèves ou presque de ces établissements trouvent du travail avec des salaires attractifs. Bien entendu ce dispositif pourrait être étendu aux universités, même si le problème des facultés vient du découragement des élèves.

Le réchauffement climatique justifie-t-il l'explosion des taxes sur les carburants ? : 26.10.2018

Le pouvoir fait la leçon aux « ploucs » qui s'apprêtent à manifester avec les gilets jaunes. La taxation des carburants serait une obligation impérieuse, car la Planète serait en péril de mort, nos enfants risqueraient de griller sur place. Un dessin sans doute inspiré par le pouvoir est symbolique de cette propagande simpliste (stupide ?). On voit une rue envahie par des « beaufs » qui protestent contre les taxes et la même rue quelques années plus tard déserte car les températures ont monté de 2° ! C'est un délire total, car une telle hausse des températures serait pratiquement indolore, du moins en France.

Le réchauffement est-il un mythe ? Peut-être pas, mais il n'a sans doute pas l'ampleur qu'on lui prête. La différence de température entre la moyenne d'octobre 2018 et celles des mois d'octobre des années 1980 à 2010 n'a été que de 0.5 ° après 0.4 en septembre. https://global-climat.com/2018/11/02/temperature-mondiale-050c-en-octobre-2018/ On est revenu au niveau de l'année 2005.

De même, on nous rabâche que l'Arctique perd sa banquise. Pour prouver ce phénomène, l'inénarrable Mme Royal a mis en exergue une soi-disant ouverture du passage du Nord-Ouest. Effectivement, en août 2018 à un cargo est allé directement du Japon en Europe en longeant les côtes de Sibérie. Ce prétendu exploit est en fait un pétard mouillé, car des bateaux l'ont déjà réalisé au XIX ième siècle. En outre, le cargo était précédé par un brise-glace russe performant (et très coûteux en carburant !). Or en cet automne 2018, les glaces de l'Arctique se reconstituent et l'étendue se rapproche de celles des années 1980 à 2010 (cf : http://nsidc.org/arcticseaicenews/) ainsi que https://www.climato-realistes.fr/banquise-arctique-extension-record-novembre-2018/) un site qui reprend des articles parus dans des magazines scientifiques sérieux. Au Groenland, le glacier qui recouvre cette grande île loin d'être en déclin a encore progressé. Ces informations n'ont pas été répercutées alors que le moindre incident qui prouverait paraît-il le réchauffement est systématiquement mis en avant même quand les faits sont douteux ! Et on oublie que dans les années 1920 la banquise Arctique avait déjà régressé au point qu'on prévoyait à l'époque sa prochaine disparition. Dès 1940, elle a connu un nouveau pic d'expansion.

Des rapports biaisés, un catastrophisme que la réalité ne perturbe jamais, des arguments paradoxaux pour expliquer les faits dérangeants pour la théorie en vigueur genre : il fait très froid, donc c'est la faute au réchauffement climatique et ce dernier va même faire augmenter l'étendue de la banquise Arctique. (Quelles absurdités !) On se fie obstinément à des modèles qui se sont révélés faux et les médias ne donnent jamais le vrai (et faible) réchauffement, mais celui imaginaire de ces théories bancales.

Y-a-t-il réellement une urgence climatique ? La construction intellectuelle qui justifie la hausse des prélèvements sur les carburants a-t-elle des fondations solides ? On peut légitimement se poser des questions. En tout cas, il ne faut pas céder à l'hystérie ambiante et ne pas prendre pour argent comptant les prévisions du GIEC : cet organisme s'est beaucoup trompé par le passé. Il avait notamment affirmé qu'un grand nombre d'îles coralliennes (dont Tuvalu) seraient submergées avant 2010. Or il n'en a eu aucune. Pourtant, le gouvernement taxe les Français sous ces prétextes écologiques qui l'arrangent et pour décourager les protestataires, il les culpabilise et les insulte.

La pathétique communication du pouvoir sur les carburants : 06.11.2018

Jacline Mouraud a poussé un coup de gueule qui a été chargé par 5 millions de Français (un record). Elle dénonce la hausse du carburant, le contrôle technique renforcé (et plus cher), le péage urbain qui pourrait se mettre en place dans les villes de plus de 100 000 habitants, la limitation de vitesse à 80 km/h.

Toutes ces mesures impactent les habitants de la France périphérique, ceux qui ne peuvent se loger dans le centre des grandes agglomérations. Relégués à la campagne, loin de tout transport en commun, s'ils ont un travail (mal payé) ils sont contraints d'utiliser un véhicule souvent hors d'âge et qui consomment beaucoup. Il fonctionne la plupart du temps au diesel, car à une époque le pouvoir favorisait ce type de carburant avant de changer brutalement son fusil d'épaule. Bien entendu, ils n'ont pas les moyens de se payer un véhicule neuf et encore moins un hybride ou un tout électrique dont le prix est astronomique. La prime à la conversion que l'État octroie est dérisoire si on compare son montant à la valeur de ces voitures dites « écologiques ». Celles-ci ne sont réservées qu'à l'élite Bobo, celle qui n'aurait pas besoin d'être aidée.

La hausse des prix des carburants (0,64 € en 3 ans) trouve sa source pour les 2/3 dans celle du pétrole (due en grande partie à la politique de M. Trump) mais l'État perçoit 20% de cette envolée du brut en TVA, soit 0,09 €. S'y rajoute 0,06 € par an d'augmentation de la taxe dite écologique. Pour finir, en 3 ans gouvernement a encaissé 0,27 € de plus sur un litre, ce qui pour un conducteur qui habite à 30 km de son lieu de travail constitue une somme considérable (autour de 400 € par an !). Cette fiscalité dite écologique n'a aucun sens. En principe, elle doit dissuader les Français d'utiliser des voitures trop gourmandes en essence. Or beaucoup de Français n'ont pas le choix. Et même on interdisait à tous les véhicules des particuliers de circuler en France, la baisse induite de CO2 serait ridicule. C'est une ânerie scientifique de prétendre le contraire. 40 % de la hausse du prix du carburant n'est qu'un racket fiscal déguisé honteusement en mesure pour sauver la planète.

En outre, le but de la nouvelle limitation de vitesse était de faire baisser le nombre de tués sur les routes. Cela a marché le premier mois après l'adoption de cette mesure et la presse aux ordres du gouvernement a célébré cette diminution. Quand le mois suivant le nombre de morts a été en nette hausse, le silence a été total ou presque dans les médias !

Mme Wargon, secrétaire à l'écologie, a tenté de répondre dans une vidéo sautillante. Mais sa tâche était désespérée. M. Macron est venu à la rescousse ce matin sur Europe 1. Il a évoqué une augmentation de la prime énergie que touchent les ménages très modestes, mais il laisse de côté 95% des Français en particulier tous ceux qui travaillent. Il a proposé aussi une aide kilométrique, mais payée par les entreprises, alors qu'il répète qu'il faut baisser leurs charges pour relancer l'emploi. Si on estime à 30 km par jour le déplacement moyen d'un salarié et si on l'indemnise d'un montant de 0,1 € le Km cela coûtera 2 milliards (10% du CICE !). Il a parlé également de mettre à contribution les collectivités locales mais vu l'état de leurs finances c'est une plaisanterie. M. Macron a promis du vent et son gouvernement est à son image : englué dans une communication pathétique.

Avec M. Macron, nous sommes les derniers de la classe en économie ! : 08.11.2018

M. Macron a accédé à, l'Élysée il y a un an et demi et désormais les résultats économiques de notre pays dépendent les décisions qu'il a prises et ne sont plus un héritage de M. Hollande. Or nous étions sous l'ancien Président socialiste en train de devenir « l'Homme Malade » de l'Europe mais M. Macron a continué à nous enfoncer. Le soufflé de la croissance qui a eu un sursaut grâce aux mesures sages, mais tardives, de M. Hollande est retombé. Notre P.I.B croîtra de 1,7 % (peut-être moins) cette année et sans doute de 1,5% l'année prochaine :

nous ne pourrons donc pas résorber notre perpétuel déficit. M. Macron s'était enorgueilli d'avoir ramené ce dernier à 2,6% en 2017 (contre 3,4 % en 2016). Mais l'INSEE qui révise régulièrement ses statistiques a rajouté 0.1% pour ces deux années. Et surtout cet organisme annonce des lendemains qui déchantent ! Nous serions entre 2.7% et 2.9% de déficit en 2018, mais nous avons de très grandes chances de dépasser à nouveau les 3% en 2019 ! Une catastrophe. M. Macron avait assuré dans un premier temps que nous serions en excédent en 2022. Puis prudemment il a prétendu que nous attiendrions l'équilibre à la fin de son mandat. Il ne tiendra pas cette promesse, car le déficit stagne. Pire le pouvoir ne cesse de charger la barque : en théorie la suppression totale de la taxe d'habitation (18 milliards au total !) devait être entièrement financée, par le déficit. En réalité, le budget ne le supportera pas, aussi le pouvoir sera sans doute contraint d'augmenter sensiblement les taxes foncières et d'accabler un peu plus les classes moyennes. Le gouvernement a néanmoins quelques excuses : la transformation du CICE en détaxation sur les salaires augmentera de 1% le déficit à partir de 2019. C'est une circonstance exceptionnelle, sans doute créatrice d'emplois dans le futur, mais qui dans un premier temps aura des conséquences néfastes.

La dette devient astronomique et son poids par rapport au PIB ne cesse d'augmenter, car, d'une part, la lutte contre le déficit est en train d'échouer et, d'autre part, l'État Français est contraint par Eurostat (l'équivalent de l'INSEE au niveau européen) de reprendre à son compte une partie de la dette de la SNCF et la totalité de celle du groupe nationalisé Orano (l'ancien Areva) ruiné par une gestion que l'on peut qualifier de hasardeuse (c'est un euphémisme). Résultat nous sommes désormais à 98,5 % du PIB (au lieu de 96,8 %) Les 100% seront sans doute bientôt dépassés. Notre dette est maintenant insoutenable et ne sera jamais réellement remboursée. Malgré toutes les acrobaties financières prises, elle déclenchera tôt ou tard une forte inflation (de l'ordre de 15% par an) seul moyen de la résorber. La ministre du travail promet que le taux de chômage retombera à 7% en 2022. Promesse de Gascon qui est bien entendu hors de portée, du fait de la croissance anémique et du nombre de nouveaux venus sur le marché du travail (250000 par an). Nous aurions déjà beaucoup de chance si nous nous maintenons autour de 9% !

En outre, l'inflation est à 2,3 %, un chiffre inédit depuis 15 ans. Or les salaires et les pensions ne suivent pas et les Français perdent du pouvoir d'achat, ce qui aura un effet récessif et va aggraver la crise. Regardons la triste réalité en face : nous sommes le pays d'Europe qui a le plus d'inflation et celui où la croissance est la plus faible au second trimestre 2018, nous sommes dans la queue du peloton pour le déficit et le chômage. Nous sommes donc en complet échec économique. Le pire est que les prédictions que contient cet article ne sont valables que si aucune crise n'éclate. Or il y a en moyenne entre 7 et 12 ans entre deux Krachs. Le dernier date de 2008. Celui qui s'annonce pour 2019, sera sans doute pire que celui de 1929.

Le sursaut de croissance de la Grande Bretagne implique-t-il que le Brexit va réussir ? : 11.11.2018

Bonne nouvelle pour le gouvernement Outre-manche. Alors que la croissance était jusqu'en 2017, molle, plus que sur le continent, elle vient de s'accélérer au troisième trimestre 2018. Elle a atteint 0.6 % après 0.3 % au second et 0.1 % au premier, mais le début d'année avait été perturbé par les intempéries. Nous sommes à 1,5% de plus par rapport à la même période d'octobre 2016 à septembre 2017, un chiffre honorable et comparable à celui de la France. La consommation des ménages est robuste (+0,5 %) après (+0,4 %) au second trimestre. L'effet

Coupe du Monde avec l'achat de télévision dernier cri a joué à plein. Le commerce extérieur britannique est à la fête : Il amène 0.8% de croissance : un record et un modèle pour nous qui n'arrivons pas à exporter, car nos produits ne sont pas compétitifs.

Peut-on en conclure que tout va bien dans le meilleur des Brexit possibles ? La réalité est peut-être un peu moins rose et des signes inquiétants apparaissent : les investissements des entreprises se sont repliés de 1,2 % un record, signe que les milieux économiques sont dans l'expectative. Ils attendent de voir si un accord sera signé avec l'U.E ou pas. En cas de Brexit dur, beaucoup préféreront investir dans l'Union Européenne, en particulier les entreprises exportatrices, car ils souhaiteront éviter les droits de douane et les files de camions à Douvres. Alors qu'on attendait une expansion de 0.1% en septembre 2018, le PIB a stagné. On espère seulement 0.3 % au dernier trimestre, car les conditions climatiques joueront à nouveau.

Les milieux nationalistes qui prônent le Frexit se réjouissent de la bonne santé relative de la Grande Bretagne dont les performances sont désormais semblables aux nôtres, mais nous sommes à la traîne et notre économie est l'une des plus médiocres de la zone euro. En outre, la politique fiscale de M. Macron n'arrange rien. L'amélioration des perspectives britanniques est donc à relativiser. De plus si le Brexit est dur, le PIB de la Grande Bretagne va stagner voire plus probablement régresser. Cela durera deux à trois années, avant que l'expansion ne reparte et que d'éventuels bénéfices d'une séparation totale avec l'Union Européenne n'apparaissent (dûs à la possibilité de nouer des accords de libre-échange). Il n'est pas sûr, loin de là, que les effets positifs à long terme de cette solution seront supérieurs à ceux produits par l'alternative, un accord avec l'U.E : dans ce cas, le royaume d'Élisabeth II serait dans l'Europe (avec ses inconvénients) sans en avoir les avantages et notamment il n'aura pas le droit à la parole pour les normes et les règlements. L'économie n'est pas une science exacte et aucune prévision n'est assurée de se réaliser. Il suffit de lire les papiers écrits, il y a dix ou vingt ans. Nombre de leurs auteurs se sont complétement trompés.

Le Brexit est en fait une expérience grandeur nature et s'il y a rupture complète, nous verrons concrètement ce qui se passe. Attendons que 5 ans se soient passé pour en tirer des conclusions solides pour un éventuel Frexit !

Le nombre de millionnaires augmentent-ils sous M. Macron ? : 23.11.2018

Les médias font leurs grands titres avec une étude du crédit Suisse. Selon cette dernière, le nombre de millionnaires augmenterait en France après un an de présidence Macron et ils seraient 259 000 de plus entre juin 2017 et juin 2018. Les détracteurs de Jupiter voient dans cette expansion la preuve que notre chef de l'État est le président des très riches. Mais la réalité est plus complexe. Que la politique de M. Macron avantage les 0.1% des Français les plus aisés au détriment des seniors et des classes moyennes supérieures a été montré par d'autres études, notamment celles qui étudient les revenus de nos compatriotes sur l'année écoulée. Néanmoins, le critère de nombre de millionnaires n'est pas une statistique fiable, car pour établir des comparaisons internationales, on se ramène au dollar. Or la monnaie américaine a considérablement fluctué en un an. Un euro valait 1,08 $, le 01/01/2017, a connu un pic à 1,24 $ le 01/01/2008 et est actuellement à 1,16 $. Un ménage Français devait posséder 872 600 € pour être millionnaire en dollars au printemps de l'an dernier et 854 700 € à la même période de cette année alors qu'au premier janvier de cette année il suffisait de 806 000 euros. Or si on en croit l'INSEE, 62 000 ménages possèdent entre 850 000 € et 860 000 € de patrimoine. Il y avait donc, sans tenir compte de l'augmentation de la valeur des biens détenus, simplement du fait des fluctuations des changes, 100 000 ménages millionnaires en dollars de plus au 1/06/2018 par rapport au 1/06/2017 et 428 000 de plus au pic du 01/01/2018. Le critère des millionnaires en dollars n'a donc guère de sens sauf si on regarde la situation économique aux USA. Par exemple, la France a connu dans les années 2011-2014 son maximum de millionnaires (2,6 millions) non parce que M. Sarkozy avantageait les riches mais parce que 1 euro valait 1,56 $!

Quoi qu'il en soit si on regarde (avec des pincettes) cet instrument de mesure pour comparer entre eux les pays, les États-Unis sont en tête avec 17,5 millions de millionnaires sur 125 millions de ménages (14% et 878 000 millionnaires de plus en 1 an). Suit la Chine avec 3,4 millions sur 700 millions de ménages (0,5%) Nous sommes cinquième position en nombre absolu de millionnaires et nous talonnons l'Allemagne et la Grande Bretagne. Nous avons 2 millions de millionnaires sur 28,5 millions de ménages (7%, moitié moins par rapport aux USA). Un critère plus pertinent pour comparer entre elles les nations est de regarder le patrimoine moyen. À ce jeu, la Suisse est gagnante (535 240 $) devant les Australiens (409 000 $) et les Américains (402 000 $). Les Français ont un patrimoine moyen de 312 000 $ au 22/10/2018.

Au-delà du taux des changes fluctuant, le nombre de millionnaires s'est certes un peu accru en 1 an du fait de la progression de la Bourse et de l'immobilier. Mais il risque de s'effondrer avec le Krach qui menace et éclatera en 2019 ou en 2020. Et les millionnaires en dollars font partie pour la plupart des classes moyennes supérieures, celles que M. Macron déteste et taxe. Ils ne profitent pas vraiment de la politique du chef de l'État.

Et si on prenait soin des mineurs étrangers isolés dans leurs pays ? : 28.11.2018

La loi sur l'immigration a laissé de côté le problème des migrants mineurs, sauf à permettre à leur fratrie de bénéficier du regroupement familial. Ils sont 23 000 et coûtent 1 milliard d'euros aux départements. Ce sont les Français qui paient cette facture salée. Or la fraude est importante : des majeurs se rajeunissent de 4 à 5 ans et prétendent avoir perdu leurs papiers ; en Allemagne, on évalue à 43% le nombre de faux mineurs étrangers. En France, nos services sociaux prétendent que leur enquête d'évaluation, consistant à demander au candidat de décrire sa scolarité et son voyage est efficace. Ils ne feraient que 15% d'erreurs, mais est-ce vrai ? De plus, les tests osseux du poignet ne peuvent pas légalement être imposés alors qu'on devrait y avoir recours systématiquement.

Pour 9000 € (équivalent de 90 000 € en France) les passeurs prennent en charge un jeune en Afrique et l'amènent devant un centre d'accueil. Il pourra même choisir le département où il vivra. Beaucoup espèrent faire venir par la suite tous ses proches par la magie du regroupement familial. Et même s'il reste jusqu'à la fin de sa vie au RSA, ils enverront à leur famille élargie (grand père, cousin, oncle, tante) de petites sommes, 1, deux, trois, dix euros, ce qui permettra à leurs parents de survivre.

Un grand nombre d'habitants de l'Afrique n'étant pas assez riches entreprennent sans passeurs le long et dangereux voyage. Un Malien a expliqué dans *le monde* être venu chez nous, car son pays l'empêchait de continuer jusqu'au bac. Il souhaite entreprendre à nos frais des études supérieures. Sa démarche se comprend et peut-être que si j'avais été à sa place, j'aurais suivi son exemple. Mais 500 millions de jeunes dans le monde n'iront pas à l'université. Si on suit le raisonnement de ce Malien, accueillons-les tous chez nous sans aucune exclusive. Et poussons la logique « humanitaire » jusqu'au bout. Beaucoup trop de migrants meurent noyés ou risquent d'être vendus comme esclaves en Lybie. Pour les migrantophiles, cette situation est inadmissible. Ils devraient exiger que ceux qui souhaitent émigrer en France, puissent s'inscrire au consulat où on leur donnera rapidement un billet d'avion. C'est la seule position éthique et logique pour les « pro migrants » (les autres attitudes étant hypocrites), mais, bien entendu, elle est absurde.

Sauf à être inhumain, on ne peut renvoyer les mineurs isolés à la rue. Mais pourquoi les garder chez nous ? Et de quel droit séquestrons-nous des ressortissants mineurs d'autres états ? À mon sens, il s'agit d'une violation des lois internationales, car nous devrions en principe les rapatrier. Faisons-le systématiquement lorsque la sécurité des jeunes sera assurée dans leur pays d'origine. (au Maghreb, au Sénégal, etc.). Bien entendu, un Soudanais, un Érythréen ou un Éthiopien restera chez nous, mais 4/5 des mineurs seraient renvoyés chez eux. Il est hors de question de les abandonner. Nous superviserons et financerons des foyers où ils vivront jusqu'à leur majorité. Nous pourrons même leur octroyer des bourses pour leurs études supérieures (chez eux). Vu de la différence de niveau de vie le coût de revient sera divisé par 10 et redeviendra soutenable pour nos finances.

Vont-ils bientôt saisir une partie des comptes courants, des assurances-vie et des livrets ? : 05.12.2018

Beaucoup de personnes surtout âgées, qui ont pris des assurances-vie afin de transmettre leur patrimoine à leurs enfants sans être taxés, commencent à s'inquiéter : ils lisent des articles expliquant que les retraits sur les assurances-vie pourraient être bloqués en cas d'un défaut de l'Italie. L'écart entre les taux de ce pays et ceux de l'Allemagne est proche d'un point de rupture, risquant de provoquer la faillite de nos amis transalpins. Ils seraient alors incapables de rembourser leurs dettes. Les obligations de l'état italien détenues par les fonds d'assurances-vie françaises ne vaudront plus rien. Certaines banques ou associations sont peu exposées, mais certaines détiennent jusqu'à 8 % de ces titres potentiellement dangereux. Les fonds euros sont en principe garantis, donc la perte serait en théorie pour les banques, mais, bien entendu, les clients seront impactés et pour finir paieront la note. La loi autorise dans un tel cas, les établissements à suspendre les retraits ce qu'ils ne manqueront pas de faire. On peut imaginer alors le marché suivant : le consommateur reprend ses fonds s'il accepte une décote.

Si l'Italie fait défaut, d'autres pays suivront : la Grèce toujours fragile, l'Espagne convalescente et la France en proie à la crise des gilets jaunes. Il y a quelques années, nous avons connu une crise semblable, celle de la Grèce. Les banques ont pris sur les réserves pour compenser leurs pertes, mais les montants n'étaient pas aussi élevés. En plus, l'Europe a pu venir au secours d'Athènes, car les fonds à prêter ne dépassaient pas 200 milliards d'euros. Il n'en serait pas de même pour l'Italie dont le poids économique est dix fois plus important.

La crise italienne va peut-être se dénouer rapidement, surtout si le gouvernement transalpin capitule et modifie son budget. Mais le risque ne sera pas écarté pour autant. En 2019, un méga Krach, pire que celui de 1929 menace de submerger le monde. Les causes possibles sont nombreuses : faillite de la Chine dont le système bancaire ne repose sur rien, éclatement des bulles de Facebook, d'Amazon, de Tesla ou des emprunts des étudiants américains, démantèlement de la Deutsche Bank qui pèse presque autant que Lehman Brothers qui a provoqué la crise de 2008… La question de la dette se posera alors immanquablement. Et notre gouvernement aux abois n'aura peut-être plus qu'un seul choix : saisir une partie des dépôts bancaires et des assurances-vie. (probablement 20% pour recueillir 600 milliards) Sans doute ne les taxera-t-on qu'au-dessus d'un seuil de 30 000 euros et on donnera aux spoliés d'illusoires coupons de dettes qui ne seront jamais remboursées et qui ne vaudront rien. Si on vient à ces extrémités, ce qui n'est pas sûr heureusement, les Français n'auront aucun moyen d'éviter la saignée. Répartir dès maintenant ses avoirs dans plusieurs établissements ne servira à rien, car le seuil se calculera en additionnant le montant des comptes dans toutes les banques. Placer à l'étranger ? Les sommes qu'on enverra hors de nos frontières sont obligatoirement déclarées et seront donc taxables comme les autres. Quitter préventivement notre pays ? Impossible pour 99,5% des français. Acheter des dollars ou de l'or et les placer dans un coffre-fort ? Ceux dans une banque seront recensés et ouverts ! Garder des valeurs chez soi est particulièrement dangereux. Des pays comme l'Iran et l'Argentine ont connu de telles crises et les habitants n'ont rien pu faire pour sauver leurs économies. Le pire se produit rarement heureusement ! Espérons que la prochaine crise sera jugulée sans en venir à ces mesures extrêmes.

Gilets jaunes l'illusion de l'argent à redistribuer : 09.12.2018

Les médias, pour une fois, s'intéressent aux « petites gens » et évoquent la détresse de nombre de travailleurs et de retraités qui n'arrivent plus à boucler leurs fins de mois. On ne peut qu'être émus par leurs difficultés et il serait indispensable de leur venir en aide, selon 3 axes : atténuer, voire supprimer, la taxe carbone, diminuer la CSG des retraités et augmenter le smig (en baissant les charges). Mais comment dégager les crédits nécessaires à une telle politique en dehors d'un éventuel rétablissement de l'ISF ? Certes on voit fleurir des slogans du type « prendre l'argent où il est ». On évoque les 100 milliards de fraude fiscale et les 95 milliards de niches fiscales ; on propose de taxer les banques, mais tout cela n'est qu'un jeu d'illusions

Les 100 milliards de fraude ? Quelqu'un a jeté ce montant au doigt levé sans la moindre justification et depuis on le répète. On ignore en fait où se trouve cet argent et quels circuits il emprunte. Si on le savait, l'État pourrait intervenir. Et on confond souvent fraude fiscale et optimisation fiscale. La seconde est légale : des « ultra riches » et des entreprises vont déclarer leurs revenus dans le pays où ils sont le moins taxés. Il est difficile de lutter contre ce manque de « patriotisme fiscal » à moins de renoncer à l'Europe. Or l'U.E, bien que chargée de beaucoup de maux, a quand même des côtés positifs, ne serait que pour exporter nos produits agricoles. L'Europe est un tout et on ne choisit pas ce qui nous arrange. S'il était si simple de récupérer ces sommes détournées de la solidarité nationale, cela aurait été fait depuis longtemps ! Notons néanmoins que les pouvoirs publics ont réagi et que la lutte contre la fraude permet de faire rentrer dans les caisses de l'État 2,5 milliards par an ce qui n'est pas rien. Mais prétendre qu'on peut s'emparer de 100 milliards en déshérence est utopique.

La 2ième illusion concerne les 95 milliards de niches fiscales. Les supprimer reviendrait à impacter tous les Français même les plus modestes et fort peu les « ultra riches ». Ces niches sont pour 22 milliards dues à la décote conjugale : on ne taxe pas les revenus des couples séparément. La supprimer reviendrait à augmenter (fortement) les impôts de 80 % des contribuables. Autre niche importante, les emplois à domicile : abroger le crédit d'impôt aurait des effets catastrophiques : vague de licenciements, explosion du travail au noir induisant une baisse des recettes de la sécurité sociales. Les personnes âgées ne pourraient plus être maintenues à domicile. Bref une catastrophe sans nom. Le 3ième volet important est constitué par les aides au logement (de Robien, Pinel…). Les éliminer découragera les investisseurs. Or la France connaît une pénurie de logements. L'accentuer serait donc stupide. D'autres niches fiscales pourraient être éventuellement rabotées, mais le montant économisé sera faible.

Taxer les banques, obsession de la gauche, est absurde. Les établissements français seraient fragilisés et lorsque le prochain krach se produira (en 2019 ou 2020) un grand nombre risquent de faire faillite si on a trop chargé la barque de leurs impôts. Quel serait notre intérêt si nous devons par la suite les renflouer ?

En fait, comme les fonds à trouver dépassent 10 milliards d'euros, seule une baisse drastique des dépenses publiques permettra de dégager des marges suffisantes. Mais c'est un travail de titan d'estimer si une dépense est utile ou pas. Mais n'est-ce pas le rôle d'un bon gouvernement d'effectuer ce genre de travail ?

M. Macron revient-il en partie sur ses annonces du 10 décembre ? : 16.12.2018

Le mouvement des gilets jaunes semble s'essouffler : l'acte V a vu moins de monde dans les rues. Par-ci, par-là, des ronds-points restent bloqués, mais ils vont progressivement se libérer. Cependant rien ne dit que la grogne sociale ne reprendra pas en janvier et surtout qu'elle ne se traduira pas au niveau politique lors des prochains scrutins.

M. Macron voyant que ses annonces ont eu un effet positif essaye de revenir en partie sur les cadeaux offerts. Accordons-lui néanmoins que la mise en œuvre de ses « cadeaux » était complexe d'autant plus que le créneau pour passer devant le Parlement était réduit à 2 jours. Pour les retraités dont le revenu fiscal est compris entre 1200 € et 2000 € la baisse de la CSG interviendra en juillet. Mais on promet un rattrapage pour le trop versé depuis le 1 janvier. La défiscalisation des heures supplémentaires interviendrait en juin et non en janvier. La désocialisation (suppression des charges sociales) sera également avancée au début du second semestre. On ignore combien d'entreprises vont verser la prime exceptionnelle défiscalisée, mais on peut craindre qu'elle ne reste marginale et surtout que les employeurs y voient en priorité une aubaine : ceux qui avaient l'intention d'augmenter leurs employés avant l'annonce de M. Macron, vont profiter de ce dispositif pour diminuer leurs charges.

Comme beaucoup le craignaient, les 100 € d'augmentation ne toucheront que 55% des smicards. En effet, le gouvernement augmente la prime d'activité de 70 euros (elle devait déjà être majorée de 30 euros au 1 janvier), mais celle-ci n'est versée qu'aux personnes touchant entre 0.5 et 1.2 smig dont le conjoint a des revenus modestes. Certes le gouvernement a élargi les critères afin de toucher un maximum de foyers, (5,5 millions de personnes seront concernées sur 65 millions de Français), néanmoins pour finir seule une grosse moitié des smicards sera augmentée. Ce geste coûtera 2,5 milliards d'euros à l'État. Le gouvernement n'avait guère de choix : il ne pouvait jouer que sur la prime d'activité. Les entreprises qui sont soumises à une rude concurrence internationale ne pouvaient pas augmenter les salaires. Certes le smig au Luxembourg (qui est un paradis fiscal) atteint 1990 €, mais la Grande Bretagne et l'Allemagne sont au même niveau que le nôtre. Baisser les charges uniquement pour les bas salaires a déjà été fait et nous avons atteint le maximum possible. Le conseil constitutionnel aurait retoqué toute mesure supplémentaire, car contraire à l'égalité entre les contribuables.

Certains peuvent regretter que le « jeu » naturel du capitalisme soit court-circuité. C'est oublier que le marché est efficace pour créer des richesses mais pas pour les répartir. Il favorise surtout « les très riches » : preuve en est qu'en 2018, le nombre de milliardaires a explosé. Si on laisse le capitalisme agir sans contrepoids, il a tendance à baisser les salaires quitte à importer des travailleurs. Avec un volet d'immigrés prêts à accepter n'importe quelles conditions, le « capital » peut ainsi menacer les ouvriers et les employés et les obliger à modérer leurs prétentions salariales. L'État est donc nécessaire et la prime d'activité est un impôt négatif vertueux car il ne bénéficie qu'à des travailleurs. Il stimule l'activité. Rien ne serait pire qu'une prime distribuée à tout le monde, à ceux qui ont un emploi comme à ceux qui sont sans travail, même si le RSA et les allocations chômage sont des dispositifs nécessaires.

Au secours, M. Macron va être réélu en 2022 ! 17.12.2018

2 sondages parus ce week-end sont inquiétants et montrent, que si rien ne bouge d'ici 2022, M. Macron a un boulevard devant lui pour se faire réélire. C'est pourtant un paradoxe, car sa cote est au plus bas et des Français bloquent les ronds-points pour qu'il démissionne.

Le premier sondage concerne les européennes et le second les présidentielles si elles se tenaient dans les prochaines semaines. Dans les 2 cas, le RN et LREM sont largement en tête. M. Dupont-Aignan fait une percée autour de 8%, M. Mélenchon paye son coup d'éclat et stagne à 9 % moitié moins que ce qu'il a obtenu en 2017. M. Wauquiez est à la dérive : il est autour de 10% loin des 20% de M. Fillon. Il subit la concurrence de M. Dupont-Aignan qui est train de le phagocyter.

Si la présidentielle avait lieu dimanche prochain, M. Macron et Mme Le Pen seraient en tête du 1[ier] tour. La présidente du RN pourrait compter au mieux au second tour sur ses 27,5% sur les 8 % de M Dupont-Aignan sur la moitié des voix de M. Wauquiez (5%) sur une partie des électeurs de M. Mélenchon (4%) et sur

2% provenant de petits candidats soit un total de 46%, insuffisant pour être élue. Mais c'est un maximum. Elle n'a aucune réserve et si son débat d'entre les 2 tours est aussi catastrophique qu'en 2017, elle tombera à 38%. Au lendemain du premier tour de 2017, Mme Le Pen, était déjà créditée de 43% des voix qui se sont évaporées après sa contre-performance.

Les chiffres sont cruels et sans appel : M. Macron est le grand favori pour 2022. Il a un soc solide de partisans comprenant 20% des électeurs de centre droit qui ne le quitteront en aucun cas. Ces derniers sont satisfaits de la politique économique menée. Certes la politique migratoire ne leur plait pas et ils seraient plutôt partisans de restreindre l'immigration, mais le discours ambigu de M. Macron qui dit une chose et fait son contraire les rassure. Ces électeurs sont conditionnés par les moralistes de gauche et les appels à « abattre la bête immonde du fascisme ». Ils rejettent donc avec horreur Mme le Pen bien sûr, mais aussi M. Wauquiez qui est vu comme une « sous Le Pen » et M. Dupont-Aignan.

Un « Salvini Français » aurait-il ses chances ? Certes le ministre de l'Intérieur transalpin a une « aura » supérieure à celle de Mme Le Pen et semble à tort ou à raison plus compétent que la présidente du RN (Est-ce une illusion ?) mais n'oublions pas qu'il n'est soutenu directement par 30 % des italiens (à peu près le même niveau que Mme le Pen. Le complément qui lui permet de gouverner vient de la gauche. Cette alliance un peu contre-nature ne semble pas transposable en France !

Celui qui est élu à 60% par les sondages six mois avant l'élection n'est pas celui qui se retrouve à l'Élysée : MM. Strauss-Kahn, Chevènement, Fillon, Poher, Barre, Balladur étaient les grands favoris des sondeurs quelques mois avant le scrutin présidentiel. On connaît la suite ! Néanmoins, on ne pourra pas se débarrasser si facilement de M. Macron tout simplement parce que personne de crédible aux yeux des Français n'apparaît pour l'instant sur le « marché » politique.

Bercy prétend faire payer leurs impôts aux grands patrons : 21.12.2018

Les grands patrons touchent parfois des sommes extraordinairement élevées, autant ou plus que des footballeurs. Mais malgré cela ils font rarement preuve de patriotisme fiscal et s'arrangent pour payer le moins possible de taxes, à l'instar des stars du ballon. M. N'Gante a fait sensation en refusant un montage passant par l'île de Jersey qui lui aurait permis de minorer au maximum les sommes abandonnées au fisc.

Le gouvernement a besoin de justifier son refus de réintroduire l'ISF. Aussi il montre ses muscles et enjoint aux patrons de payer leurs impôts en France. Le ministre de l'économie sera, paraît-il, attentif aux impôts payés par les dirigeants d'entreprises surtout dans celles ou l'État a une participation même minoritaire. Mais cette déclaration martiale est hypocrite, car bien entendu rien ne changera. Que peut faire l'État ? Pas grand-chose, en réalité. On ne doit rien à la France si on séjourne moins de 183 jours dans l'Hexagone. Il suffit de s'organiser en conséquence et vivre une partie de l'année au Portugal ou ailleurs. Les dirigeants du CAC 40 peuvent également en gardant leur domicile principal en France se faire verser de grasses rémunérations par des filiales crées pour l'occasion dans des pays Européens à la taxation légère. Ils peuvent aussi tout sans avoir recours à des paradis fiscaux minorer leurs impôts en mettant en place une société, genre droit à l'image, qui verse des dividendes élevés. Ceux-ci sont depuis 2018 taxés à 30%, ce qui est appréciable si on tutoie la tranche d'impôt à 45%.

Nous voyons donc que cette annonce de Bercy relayée avec complaisance par maints articles dans les médias, n'est que de la propagande. Nous sommes qu'on le veuille ou non dans une société mondialisée et les moyens pour les plus fortunés d'échapper au fisc sont innombrables. À peine prend-on une loi pour colmater une brèche juridique que deux autres se créent dans le même temps. L'État est impuissant face aux très riches qui ont les moyens de se payer les meilleurs avocats fiscalistes. C'est pour cette raison que tous les gouvernements se rabattent sur les classes populaires et moyennes qui n'ont aucun moyen de se défendre et doivent subir les perpétuelles augmentations. Eux sont bien obligés de payer. La révolte des gilets jaunes vient de là.

Pour les entreprises, l'Europe prétend vouloir mettre le hôla à une dérive coûteuse. Des firmes comme Airbnb ou Amazon ne payent pas d'impôts là où elles ont des activités, car elles versent des royalties injustifiés et conséquents à une filiale installée en Irlande ou aux Pays Bas pays, où le taux de l'impôt sur les sociétés est très bas. Bruxelles parle d'interdire ce montage, chaque firme devant payer ses impôts là où elles ont leur activité, mais l'U.E ira-t-elle jusqu'au bout ? On peut en douter, car certains de ses membres (notamment l'Irlande) profitent à fond de ce système. La croissance de l'Eire, le tigre celtique, est liée à ce montage fructueux. Aussi refusera-t-elle toute modification européenne. Elle n'est pas suicidaire.

Reste une solution qu'il faudra bien mettre en place pour sauver les intérêts de la France : baisser l'impôt sur les sociétés et établir pour compenser une taxe sur le trafic Internet. Google, Amazon, Ikéa, Airbnb seraient bien obligés de passer à la caisse. On en parle beaucoup mais on en fait rien. Y a-t-il une réelle volonté de lutter contre l'optimisation fiscale ?

Selon les wikiLeaks les taxes sur le diesel financent le CICE : 26.12.2018

Le MacronLeaks n'en finissent pas de révéler leurs secrets. Rappelons qu'il s'agit d'un fatras d'emails de l'équipe de M. Macron, détournés » par WikiLeaks cette organisation trouble qui se fait une spécialité de craquer les boîtes à lettres électroniques des puissants de ce monde et d'en dévoiler leur contenu. Le MaronLeaks avait éclaté en pleine campagne électorale 2017, mais la pêche avait été jugée sur le coup maigre et aucun scandale n'avait suivi ces révélations, car personne n'a eu le temps (et le courage) de parcourir le millier de messages qui le plus souvent n'avaient aucun intérêt.

Un de ces emails, rendu public récemment, mais dont je suis incapable de vous garantir l'authenticité, est révélateur. Il est daté de novembre 2016 et M. Kohler qui est devenu depuis secrétaire général de l'Élysée et avait donc une place de choix dans l'organigramme de la campagne de M. Macron, y explique que la convergence entre les prix de l'essence et du diesel rapportera un peu moins de 7 milliards d'euros. (en comptant une augmentation de 13 à 15 centimes le litre de ce carburant). Il souligne qu'on pourrait ainsi financer le CICE, la baisse des cotisations patronales effective jusqu'à 1 ,6 fois le SMIG.

Le cynisme vient des mots employés ; je cite intégralement sans les modifier les termes utilisés dans le message attribué à M. Kohler : « Mais d'autres histoires peuvent se raconter, bien sûr, pour justifier une convergence partielle gazole/essence qui rapporterait ce que l'on cherche. »

Il ne s'agirait donc aux yeux du futur secrétaire de l'Élysée que de trouver la bonne fable qui permettra de faire passer la pilule ! Le « peuple » ne serait-il bon qu'à être trompé ? L'écologie a donc bon dos. Elle est la pièce maîtresse d'un mensonge destiné à faire avaler la couleuvre de l'augmentation des taxes et les Français ont eu raison de se révolter.

Dans la suite de l'email, on sent néanmoins la gêne de son auteur. La mesure pèserait sur l'ensemble des ménages mais 60% d'entre eux (ceux qui touchent jusqu'à 1,6 fois le smig) aurait une compensation au sacrifice financier consenti : leur emploi serait favorisé. Cela n'a aucun sens bien sûr. Ceux qui ont un travail ne tireront aucun avantage du CICE puisque leurs patrons en profiteront pour améliorer leurs marges, investir éventuellement dans de nouvelles machines, mais en aucun cas ils ne songeront à augmenter les salaires de leurs employés. Reste les chômeurs : Europe 1 indiquait en juin 2018 que selon la Banque de France 320 000 emplois auraient été créés depuis 2014. Soit un coût annuel de 62 500 euros par nouveau poste de travail. (Le CICE revient à 20 milliards par an). C'est-à-dire que si l'État avait donné à la place à chacun des 320000 personnes sorties du chômage un salaire mensuel de 1,6 fois le smig, on aurait économisé 4,5 milliards d'euros.

En revanche les 7 milliards prélevés sur les Français pèsent sur l'économie et expliquent à eux seuls le ralentissement de la croissance constatée à la fin de 2018. M. Macron a porté le CICE comme ministre de l'économie de M. Hollande, puis comme Président de la République. Ne serait-il qu'un incapable cynique ? À vous de juger !

Les Français implorent le père Noël, mais les caisses sont vides : 28.12.2018

Après les gilets jaunes, après les personnels de santé voilà les stylos rouges, un groupe d'enseignants qui réclament une augmentation franche de leurs salaires et une diminution des effectifs des élèves. S'ajoutent les policiers qui ne sont pas satisfaits des mesures obtenues par leurs syndicats. La France croule donc sous les revendications et elles sont toutes, je pense, légitimes et elles mériteraient toutes sans exception d'obtenir satisfaction. Ces demandes fusent, car le gouvernement a en partie cédé aux gilets jaunes et aux policiers. Du coup beaucoup qui jusqu'alors faisaient contre mauvaise fortune bon cœur, exigent eux aussi « un petit quelque chose » et se sentent frustrés alors que si M. Macron n'avait rien concédé ils ne réclameraient rien

Hélas ! Les caisses de l'État sont désespérément vides ! Les 10 milliards dépensés par conjurer la crise des gilets jaunes seront empruntés aux banques alors que notre dette dépasse les 100% du PIB. L'Europe fronce les sourcils et ne tolérera pas un nouveau dérapage. Malgré la sympathie que l'on peut éprouver pour les demandes des fonctionnaires force est de constater qu'ils croient au Père Noël et qu'ils s'imaginent qu'il y a quelque part de l'argent caché. Or il n'en est rien. Même si on rétablissait l'impôt sur la fortune, on ne récupérait (en 2020) que 3 milliards (la différence entre l'ISF et le nouvel impôt sur la fortune immobilière). Bien sûr, on peut imaginer des mesures extrêmes, saisir 20% des fortunes au-dessus de 2 millions d'euros ou porter la dernière tranche d'impôts à 85%, mais ce matraquage fiscal serait pour finir contre-productif. Les riches s'empresseraient de fuir et les dégâts économiques dépasseraient vite les avantages. En outre, le conseil constitutionnel veille : pour lui, le total des impôts d'un contribuable ne peut dépasser 65 % de ses revenus et il a raison. Au-delà, nous entrons dans le domaine de la spoliation et nous quittons celui de la justice sociale. Reste la fraude souvent estimée à 80 milliards, mais ce chiffre n'a aucun fondement. Il est donné au doigt levé et d'une manière polémique. Peut-être son montant n'est-il en fait que de 20 milliards d'euros (ce qui serait déjà considérable). Comment les récupérer ? Bercy fait ce qu'il peut et s'il a réussi à mettre la main sur 15 milliards supplémentaires, il a atteint les limites de son action sauf à rompre les relations économiques avec tous les paradis fiscaux sans exception. Or on ne prendra jamais cette mesure extrême, car nombre de paradis fiscaux sont associés à l'U.E (Gibraltar, Bermudes, Eire...) On va taxer en 2019 les Gafa (Amazon, Google, Airbnb) qui par d'habiles montages fiscaux échappent à l'impôt. On récoltera 500 millions d'euros, une paille, par rapport aux besoins. En fait la seule façon de dégager des marges serait de faire les économies et de mieux gérer notre budget. On aurait sans doute pu créer autant d'emplois (320000) que le CICE en ne dépensant que 5 milliards au lieu des 20 milliards gaspillés. Mais pour enfin être bien gouverné, il faudrait virer M. Macron.

Vu le contexte, même si le gouvernement le voulait, il est incapable d'augmenter tous les fonctionnaires (Il n'y a pas de raison de privilégier certains d'entre eux). Leur donner 100 € chacun de plus par mois coûterait près de 12 milliards soit de 0.5% de déficit. En outre, il faudrait augmenter également les pensions des retraités ! Impossible : le père Noël est fauché !

Si vous souhaitez lire d'autres livres de Christian de **MOLINER,** n'hésitez pas à consulter cette page internet :

https://www.editions-du-val.fr/fr/

www.ingramcontent.com/pod-product-compliance
Lightning Source LLC
Chambersburg PA
CBHW070655250726
48662CB00001B/130